课件实例效果赏析

确定微课选题　　　　　　　剖析教学对象

选题的方法　　　　　　　微处理教学内容

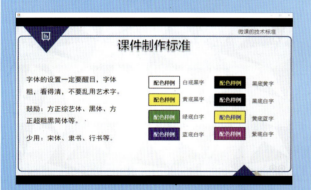
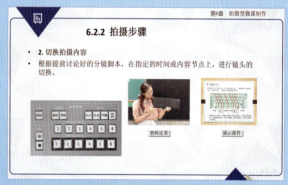

课件制作标准　　　　　　录播教室拍摄微课

Flash中的帧　　　　　　　学习"对写法"

课件实例效果赏析

认识直角、锐角和钝角

粉印版画的制作方法

古诗词三首

调整视频大小和位置

苏州园林的写作手法

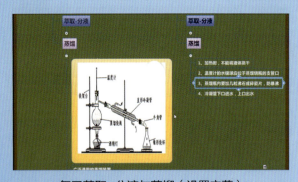
复习萃取-分液与蒸馏（设置字幕）

重力的方向

显微镜的使用

课件实例效果赏析

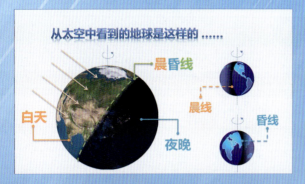
太阳能从西边升起吗

Shopping for Food

调整图像亮度与对比度

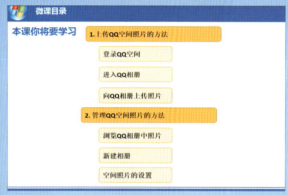
上传空间照片

去除干扰元素

轴对称图形

保留主体图案

合唱评分巧计算

课件实例效果赏析

腊八粥

平移练习

录制声音

原电池原理

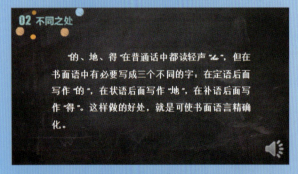
"的、地、得"的用法

It强调句型基本用法

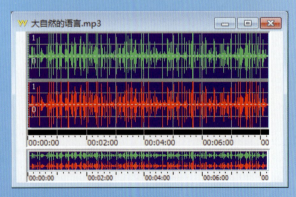
调整音量

蟋蟀的住宅

高等院校计算机应用系列教材 多媒体技术应用

微课制作实例教程

（第3版） 微课版

方其桂 主编

张青 江浩 副主编

清华大学出版社
北京

内 容 简 介

现在基础教育改革的突破口在于满足学生的个性化学习需要，具体表现为在课堂普及使用微课，这就意味着制作微课是中小学教师必须掌握的教学技术。本书图文并茂，理论与实践相结合，详细介绍了微课制作的理论基础知识、制作技术及其技巧，书中实例均选自中小学各学科的典型内容。

本书可作为高等院校相关专业微课制作课程的教材，也可作为各级教育部门的培训参考用书，还可作为中小学教师提升教育技术的自学用书。

本书封面贴有清华大学出版社防伪标签，无标签者不得销售。

版权所有，侵权必究。举报：010-62782989，beiqinquan@tup.tsinghua.edu.cn。

图书在版编目(CIP)数据

微课制作实例教程：微课版 / 方其桂主编. —3 版. —北京：清华大学出版社，2023.6
高等院校计算机应用系列教材
ISBN 978-7-302-63724-0

Ⅰ.①微… Ⅱ.①方… Ⅲ.①多媒体课件—制作—高等学校—教材 Ⅳ.①G436

中国国家版本馆 CIP 数据核字(2023)第 094129 号

责任编辑：刘金喜
封面设计：常雪影
版式设计：孔祥峰
责任校对：成凤进
责任印制：曹婉颖

出版发行：清华大学出版社
网　　址：http://www.tup.com.cn，http://www.wqbook.com
地　　址：北京清华大学学研大厦 A 座　　邮　　编：100084
社 总 机：010-83470000　　邮　　购：010-62786544
投稿与读者服务：010-62776969，c-service@tup.tsinghua.edu.cn
质 量 反 馈：010-62772015，zhiliang@tup.tsinghua.edu.cn

印 装 者：三河市天利华印刷装订有限公司
经　　销：全国新华书店
开　　本：185mm×260mm　　印　张：20　　彩插：2　　字　数：499 千字
版　　次：2015 年 6 月第 1 版　　2023 年 7 月第 3 版　　印　次：2023 年 7 月第 1 次印刷
定　　价：78.00 元

产品编号：101405-01

1. 选择教学内容

在微课的设计中，选题确定后，下一个关键点就是教学内容。教学内容反映了微课要集中表现或传递给学习对象什么样的内容，因此选择时要遵守以下几个原则。

1) 以学生为中心

教学内容应尽量选取学生通过自学理解不了、具有较大教学价值且相对简短又完整的知识。在教学内容的选择上要牢记以学生为中心，多思考学生要看什么、想听什么，需要解决什么。

2) 内容可呈现

教师可对教学内容进行适当的加工、修改和重组，使教学内容既精简又完整、教学目标既聚集又单一、教学形式策略多元、表现方式多样化，使其更适合用微课的方式来表达。若要让学生看得懂、学得会，同时也要有趣，那么其表现形式就要新颖、吸引人，尽可能使抽象概念形象化、枯燥数字可视化，可融入动漫、影视、游戏等元素。如果所选择的教学内容在技术和画面上难以呈现，则会大大增加制作微课的难度，应避免这种情况出现。

2. 微处理教学内容

选定教学内容后，再对其进行微处理。在这个环节，可以精细化设计，去掉不必要的描述，让阐述更精练；反复推敲解说词，让解释更精确；创新方法，从特别的角度来阐述问题，让表达更精彩。

1) 营造一对一学习氛围

微课面对的是一个个单独的个体，而非群体。即学生在使用微课时，无论学习环境如何，学生与微课都是一对一的。因此，在微课的制作过程中，要注意营造一对一的学习氛围，例如，在人称语言的使用上，不要出现"同学们""你们""大家"等。

2) 合理引用资源

在处理教材时，可以从网上搜集资源为主题服务，如将一些视频、动画等借来使用。例如，在小学语文微课"威尼斯小艇"一文教学中，教师使用一段视频呈现威尼斯的真实情境，帮助学生理解课文，如图2-12所示。

图2-12　微课"威尼斯小艇"

3) 关注基础知识

在教学内容的讲解中，要关注基本概念和关键技能的讲解。例如，在小学数学微课"长方体的认识"中，教师采用动画的方式详细地介绍了长方体，如图2-13所示；在小学信息技术微课"巧用格式刷"中，教师详细地阐述了关键技能格式刷的使用，如图2-14所示。

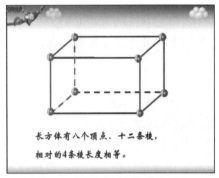 

图2-13　微课"长方体的认识"　　　　　图2-14　微课"巧用格式刷"

4) 分割知识点

在处理微课教学内容环节时，按照一定的逻辑关系或解决顺序，把教学内容所包含的知识点分割成多个小的知识点，既降低了教学难度，也便于各个击破。

5) 用问题串联课程内容

在一些科目中，可通过一个问题的设置串联整个微课的内容，让整个教学内容有始有终，逻辑清晰明了。例如，在小学数学微课"圆的认识"中，教师从导入小结的整个教学过程中始终使用"车轮为什么是圆形的？"这一问题贯穿整个微课，从问题的提出到最后问题的解决，让学生思路清晰，轻松认识圆，如图2-15所示。

 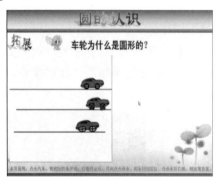

图2-15　微课"圆的认识"

6) 口语化的讲解

在微课的讲解过程中尽量使用口语化，尤其在面对低年级学生时，对于一些概念、理论的讲解，要尽可能地营造一对一的学习气氛。例如，在中学数学微课"角的概念与分类"中，整个微课都是对概念的解释，因此教师使用口语化讲解，可让学生更容易理解。

7) 学习步骤完整

"麻雀虽小五脏俱全"，微课虽然"短小精悍"，但也应具有完整的学习过程，所以在微课的教学内容处理过程中不要轻易跳过学习步骤，要符合学生的学习规律。

8) 重点提示信息

在微课的教学内容处理过程中，面对有些"重中之重"的内容，教师可以给学生提示性的信息，如画线、做记号、关键词放大等。例如，在初中英语微课"定语从句"中，教师在讲解定语从句时，对"先行词"这一名词通过下画线和红色字体进行加重，以提醒学生注意，如图 2-16 所示。

9) 字幕补充说明

由于微课时间很短，所以可用字幕方式补充微课较难说清楚的内容。例如，在信息技术微课"规范英文输入"中，教师在讲解找基准键时，就采用了字幕补充的方式，让学生能够更快、更准地记住键盘的基准键，如图 2-17 所示。

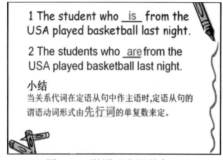
图2-16　微课"定语从句"

图2-17　微课"规范英文输入"

10) 加强教学互动

微课的内容精，时间短，但是在教学内容的处理过程中，也要注意学生与资源的互动，注重学生的思维参与。例如，在小学信息技术微课"申请邮箱报收获"中，教师在讲解怎样设置合适的电子邮箱用户名时，推荐了几个常用用户名的组合，从学生的学习和生活出发，与学生息息相关，注重了学生与资源的互动，让学生主动参与思考，达到最佳的上课效果，如图 2-18 所示。

图2-18　微课"申请邮箱报收获"

2.2.3　微课教学过程

相对于微课开始的导入阶段，微课的结尾是总结阶段，微课教学过程属于微课教学设计的主体部分，即其决定了微课的教学效果。微课教学过程是针对微课课题的完整讲授、演示或实验的过程，是学习者使用微课的主要内容，因此微课教学过程的设计和制作要精益求精，让其展示出微课主体的地位，发挥出微课主体的作用。微课的教学过程主要有以下几方面。

1. 清晰的任务步骤分析

微课教学设计的第一阶段是微课教学导入，微课教学过程是正题，本着高效的原则，无论是以语言传递信息为主的讲授类微课，还是以直接感知为主的演示类微课，微课教学过程的第一环节都要以微课导入的课题为中心进行任务的步骤分析，让学生清楚地了解该课题所要完成的步骤或需要解决的问题。这些任务步骤可以按顺序逐条展示，也可以使用思维导图来呈现它们之间的逻辑关系。对任务的步骤分析，可以让学生在使用微课时清楚地知道接下来要解决的每一个任务，增强了微课的导向性，提升了微课的教学效果。

2. 高效的演示讲解

任务步骤分析后是任务的解析，即按照任务的步骤逐一进行分析讲解。但不同类型的微课，需采用相对合适的方案进行解析，例如，演示类微课，需逐一进行演示。总之，都是围绕任务的步骤进行分析，逐一攻破。

3. 关键点的思考互动

一节优秀的微课教学过程不能只是干巴巴地讲授或演示，在解析关键点的过程中，还需适时提出思考问题，以助于任务的推进或任务点之间的前后衔接。或者提出能引起学生思考的问题，以助于学生深入思考微课教学过程中的难点。

2.2.4 微课教学检测

教学检测是教师了解学生对本节知识掌握情况的一个重要手段，它是教学效果的反馈，在教学中有着非常重要的作用。无论是讲练结合、精讲精练的传统观念，还是新课程所倡导的师生互动、学生有效参与的新理念，都离不开及时的反馈与矫正。尽管微课程的时间短，但是有效适时的教学检测，可让课堂达到事半功倍的效果。通常，提高微课中教学检测的有效性有以下两种检测形式。

1. 有效性的提问

提问是最常用的检测手段，因此教师应力求每个问题的提出都能引发学生的思考兴趣和求知欲。提问时需要注意以下几点。

- 针对性：有效的提问一定是有针对性的，使学习能力较弱的学生也有展现的机会，让他们体验成功的喜悦，增强自信心。例如，在初中生物微课"探究——蚂蚁的通讯"中，教师在完成微课教学后，通过有效的提问，不仅让学生带着问题去思考蚂蚁通讯依靠的是什么，而且拓展性地提出通讯在社会中的意义，从而达到有效的教学检测，如图2-19所示。
- 普遍性：提问的针对性是基于教学对象而言，普遍性是基于微课的知识点而言。如果所提的问题在知识上不具备普遍性，则该问题只是众多知识点中微不足道的一个，即是没有价值的。

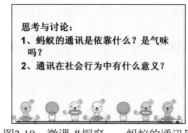

图2-19 微课"探究——蚂蚁的通讯"

2. 有效性的练习

设计有效性的练习题,注重"一题多解""一题多思""一题多练",体现"易错点"和"易混淆点",使学生能够举一反三,这在微课中的使用率最高。例如,在一年级数学微课"做个百数表"中,教师在讲解完百数表后给出几个习题,让学生思考填写,通过学生的完成情况,直接掌握学生的学习情况,如图 2-20 所示。

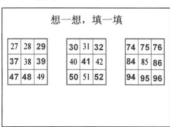

图2-20 微课"做个百数表"

2.2.5 微课教学小结

在微课结束时要有简短的回顾和总结,一般不超过一分钟,它是教学内容要点的归纳,可以加深学生对所学内容的印象,并帮助学生对知识点做一个良好的梳理。因为前面重点内容的讲授占用了较多时间,所以微课小结不在于长而在于精,小结的方法要科学、有效。常用的小结方式包括概括式小结、悬念式小结、首尾呼应式小结和延伸式小结等。

1. 概括式小结

教师用简短的语言归纳梳理本节课的知识点,提纲挈领,全面准确,简明扼要。小结画面呈现方式可以是反映知识点的图表或表达知识点之间逻辑关系的思维导图等。

2. 悬念式小结

教师结合微课教学内容,提出一些有启发性、趣味性的问题,以激发学生的求知欲望,使学生达到"欲知后事如何,且听下回分解"的教学效果。

3. 首尾呼应式小结

教师根据教学内容,将课堂小结设计为与课堂导入时设置的悬念遥相呼应,以激发学生的学习兴趣,强化记忆。

4. 延伸式小结

教师根据教学主题，提出更深层次的思考问题或难度更高的提升性练习任务，让学生在学习完微课后，依然动脑思考这些扩展性的问题，思维不局限于微课所教授的内容，提高学生的锻炼程度。

2.3 微课脚本设计

正式录制微课视频之前，需要根据微课的课题、教学设计、媒体设计等来构思微课的流程，并逐步细化，最终形成详细的脚本文稿，具体包括画面、解说词、字幕、配乐等。有了详细的脚本，制作微课时就可以按部就班地进行，这样不仅大大提高了制作效率，而且减少了制作过程中出错或返工等情况的发生。

2.3.1 课件讲解脚本设计

在制作微课的过程中，再专业的教师也难免会有失误，而制作微课的课件讲解脚本就能很好地解决这个问题，让教师在制作微课时，无论是语言的讲解上还是思路的梳理上都有所支撑。好的微课脚本是完成一节优秀微课录制的前提保障，是教师录制优秀微课的基础，就像一部精彩的电影必须拥有一个好的剧本。

1. 微课脚本的特点

微课的脚本是微课的"灵魂"和基础，它具有下面两个特点。
(1) 语言简洁、通俗易懂，适合各种观看人群。
(2) 交互性强、情节波折，让观看的人具有比较持久的兴趣。

2. 微课脚本设计模板

微课脚本具有自己的话语体系和表达方式，如何达到最佳的表达效果，建议按照如下流程来编写：

其中的过程环节可以细化为教学环节、讲解词、画面字幕、用时 4 个维度，这样可以更精准地把握教学时间与教学过程。

编写脚本时可以结合流程，运用 Word 文字处理软件直接进行编写。表 2-5 提供了一个大致的微课设计模板，各学科可根据实际情况进行适当的增减。教师可以根据自己的需要和喜好设计不同的模板。

表2-5 微课脚本设计模板

录制时间： 年 月 日 午　　　　　　　　　　　　　　　　　　微课时间：5～10分钟

系列名称	
本微课名称	
知识点描述	
知识点来源	□学科：　　　年级：　　　教材：　　　章节：　　　页码： □不是教学教材知识，自定义：
基础知识	听本微课之前需了解的知识：
教学类型	□讲授型　□问答型　□启发型　□讨论型　□演示型　□联系型　□实验型　□表演型 □自主学习型　□合作学习型　□探究学习型　□其他
适用对象	学生：本微课是针对本学科平时成绩多少分的学生？ 　　　　□40分以下　□40～60分　□60～80分 　　　　□80～100分　□100～120分　□120～150分 教师：□班主任　□幼儿教师　□普通任课教师　□其他 其他：□软件技术　□生活经验　□家教　□其他
设计思路	

教学过程

	内容	画面	时间
片头 (20秒以内)	内容：你好，这个微课重点讲解…… (注：微课面对个体，不面对群体，用"你好"不用"大家好")	第　至　张幻灯片	20秒以内
正文讲解 (4分20秒 左右)	第一节内容：	第　至　张幻灯片	秒
	第二节内容：	第　至　张幻灯片	秒
	第三节内容：	第　至　张幻灯片	秒
结尾 (20秒以内)	内容：感谢你认真听完这个微课，我的下一个微课将讲解…… (注：1. 微课的单位为"个"；2. 微课的真正意义以"系列微课"体现，结尾应宣传您的下一个微课)	第　至　张幻灯片	20秒以内
教学反思 (自我评价)			

实例 1　微课"美妙的数学模型"脚本设计

高中数学微课"美妙的数学模型"的脚本内容详尽,其中教师采用 Flash 动画来更加形象地展现几何体,排除了学生畏难的情绪,让学生在直观的环境下轻松地学习,如表 2-6 所示。

表2-6　微课"美妙的数学模型"设计

录制时间:2022 年 3 月 1 日　　　　　　　　　　　　　　　　　　微课时间:5 分钟

微课名称	美妙的数学模型——一道提高探究能力的三视图好习题		
知识点来源	学科:数学　　年级:高一　　教材:按照课程标准设计,适合各版本教材 章节:必修 2 第一章第 3 节(三视图)		
基础知识	简单几何体的三视图,由三视图还原实物图		
教学类型	探究答疑型		
适用对象	学生:高一学生 教师:普通任课教师		
设计思路	在学完组合体的三视图后,教材从逆向思维的角度将这两节内容进行了有机的结合,使学生认图、识图的空间想象能力有了一定的提高,但如何利用三视图和实物图解决问题,同学们还是感到困难,因此制作了本微课		
教学过程			
	内容	画面	时间
片头 (20秒以内)	内容:你好,本节微课是"美妙的数学模型——一道提高探究能力的三视图好习题"	第 1 张幻灯片	20 秒以内
正文讲解 (4分20秒 左右)	1. 分析: 在学完三视图后,我们已具备一定的认图与识图能力,但是对于仅给出一些几何体的信息,探讨其三视图和实物图的问题还感到困难,下面我们进行具体的分析	第 2 张幻灯片	30 秒以内
	2. 点拨: (1) 由题中 3 个面的信息,我们可以理解成从 3 个角度看的投影; (2) 通过这 3 个投影的信息大致绘出几何体的图形	第 3 张幻灯片	2 分 10 秒以内
	3. 展示: 利用 Flash 动画展示几何体	第 4 张幻灯片	1 分以内

(续表)

教学过程			
	内容	画面	时间
正文讲解 (4分20秒 左右)	4. 分析： (1) 由三视图还原实物图时要注意观察，想象图形与几何体之间的联系，一般来说，采用以下思路：①先选择两个图形想象出一个大概的几何体；②将这个几何体进行改造以满足第三个图形的要求； (2) 由简单几何体画三视图时要注意三个图形的位置及实线和虚线的用法	第 5 张幻灯片	1 分以内
结尾 (20秒以内)	点评：这道题曾经在教材中出现过，其既能对所学知识进行整合，又可以提高学生空间想象能力及探究能力	第 6 张幻灯片	20 秒以内
教学反思 (自我评价)	学生学到三视图这一节时，学习内容已经有深度与难度了，对于不喜欢三视图的学生，我觉得关键是要解除他们畏难的情绪。本节课设计了美妙的几何模型、精彩的动画展示，让学生在直观的环境下轻松地学习，效果非常好		

实例2 微课"Writing about yourself"脚本设计

初中英语微课"Writing about yourself"的脚本设计，体现了教师扎实的基本功，采用幽默的情景图片，让学习更轻松易懂，让学生想去学，同时渗透了有效的学习策略，让学生的写作变得更容易，如表2-7所示。

表2-7 微课"Writing about yourself"的脚本设计

设计人： 　　　　　　　　　　　　　　　　　　　　　　　　　　微课时间：5 分钟

系列名称	初中英语书面表达系列指导 1
本微课名称	Writing about yourself (为自己写一个简介)
知识点描述	学生将知道选取什么词汇、用哪些句子结构、从哪几个方面来写一个简介介绍自己
知识点来源	学科：英语　　年级：初一　　教材：江苏牛津　　章节：7A　Unit 1
基础知识	听本微课之前需了解的知识：小学英语毕业水平
教学类型	启发型　　自主学习型
适用对象	学生：本微课是针对本学科初一上学期学生 教师：普通任课教师
设计思路	Main task 是对本单元所学知识的系统性呈现，要求学生使用一般现在时态以第一人称写一个简介来介绍自己。采用"基于系统设计的碎片化学习方式"这一模式，帮助学生更准确地把握知识与知识之间的关系，弄清知识结构；根据输入输出理论，写与说属于输出的过程，听与读属于输入的过程，要输出必然先有足够的输入，所以我采用先听读后写的教学策略，并且按程序进行了词、句、段落和篇章的准备

(续表)

教学过程			
	内容	画面	时间
片头 (20秒以内)	您好，这节微课重点讲解如何写简介来介绍自己。 After listening to this microlecture, you will be able to use what you have learned to write a profile to introduce yourself.	第 1 张 幻灯片	20 秒 以内
正文讲解 (4分20秒 左右)	第一节内容：了解写作要点 听 Millie 的简介回答问题。 读 Daniel 的简介总结写作要点。 Listen to Millie's profile and answer some questions. Read Daniel's profile to summarize a few key points of writing about yourself.	第 2 至 4 张 幻灯片	60 秒
	第二节内容：明确写作步骤 1. 你的第一步是去做"大脑风暴"，把你知道的有关外貌、爱好和性格的单词尽可能多地列出来，然后选择几条你最喜欢的。 Your first step is to brainstorm words about your appearance, hobbies and character by making the lists as long as possible, and choose what you like best. 2. 你的第二步是要会用 3 种常用的句子结构造句(主系表、主谓、主谓宾结构)。 3. 你的第三步是要知道如何分段。 Your third step is to know how to divide your passage into several paragraphs.	第 5 至 7 张 幻灯片	70 秒
	第三节内容：实施写作。 Have a try.	第 8 至 14 张 幻灯片	120 秒 以内
结尾 (20秒以内)	感谢您认真听完这个微课，我的下一个微课将讲解如何描写自己的一天。 Thank you for listening to this microlecture, my next microlecture will teach you how to write a passage about your day.	第 15 张 幻灯片	20 秒 以内
教学小结	1. 选取写作这个让大多数学生觉得值得学的教学目标，始终围绕课程标准，借助于系统设计，帮助学生更准确地把握选词方式、句子结构，使写作学习变得更有意义； 2. 采用幽默的情景图片让学习更轻松易懂，让学生想去学； 3. 渗透了学习策略的指导，如词汇归类头脑风暴记忆法、句子结构等，让原本难度大的写作变得容易学		

2.3.2 视觉呈现脚本设计

优秀的课件讲解脚本设计完成后要完美呈现，才能让前期的课件讲解脚本落到实处。这就要依托"课件、语音、录制合成、艺术性"等元素，这些元素是实现微课视觉呈现完美的基础。

1. 课件元素的视觉呈现

课件是录屏式微课制作的核心内容，好的课件是好微课的基础。在设计微课课件时可以依据以下几项标准(制作其他类型微课时也可以依据这一标准)。

1) 字号

课件中的字号可根据以下标准设置。

- 标题字号：主标题为60～80；附标题为20～40。
- 正文字号：40±6(特殊情况例外)。
- 突出字号：如果同页出现大小不同的字，反差控制在±20以内，例如，小字号为40，最大字号不得超出60，防止反差过大。

2) 字体

字体的设置一定要醒目，不要乱用艺术字。

- 推荐：方正综艺体、黑体、方正超粗黑简体等。
- 少用：宋体、隶书、行书等。

3) 颜色搭配

课件元素的颜色搭配，有以下两种思路。

- 颜色统一：课件上所出现的颜色不要过多，尽量用同类色或临近色，可使课件在颜色上呈现风格统一。如图2-21所示的色相环，同一扇形内的颜色即为同类色，相邻的扇形是临近色。
- 对比鲜明：课件的模板与背景的颜色需与字体颜色对比鲜明。在搭配颜色时，可依据图2-22所示的配色样例，这些颜色搭配模式的可视度更为清晰，既美观又能突显文字。

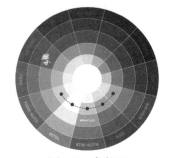

图2-21 色相环

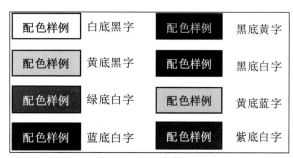

图2-22 配色样例

2. 微课语言呈现

微课要在短时间内吸引学生的注意力，快速实现教学目标，这对教师的教学语言提出了更高的要求。教师的语言是支撑微课的核心因素，因此要做到通俗易懂，科学规范。

1) 通俗易懂

教学讲解过程中，尽量运用口语化讲解，少用枯燥的书面语，使讲解更通俗易懂。

2) 科学规范

语言讲解的规范表现在两方面：一方面是要注意使用普通话，发音标准、吐字清晰、语速适当；另一方面是对知识的阐述要科学严谨，专业术语及教学用语的使用要准确无误。

3) 感染力强

教师的语言风趣幽默，声音洪亮，有节奏感，富有感染力，更能吸引学习者。

3. 微课面画呈现

微课的画面可以给学生最直观的感受，从视觉上引领学生走进微课的世界。学生对微课的兴趣及微课的教学效果如何，很大程度上取决于微课画面。因此，科学、合理、美观的微课画面是一节优质微课的必备条件。

1) 图画与布局

微课视频画面风格应尽可能统一，可分为下面几种布局。

- 画图版：以画为主，主要包括以下两种。

① 绘本版，画中加字，画中套字，适用于经典故事。

② 小人书版，字画分离，上图下字或上字下图，图画占80%，字占20%，适用于电影故事。注意，同一页一般不出现两幅图。

- 文字版：以字为主。
- 字画版：以字为主，有图做点缀。
- 混合版：依据微课的具体内容和教学需要，画面介于上述之间。

2) 视频内容

微课视频的完整内容一般包括封面、封底及课程等，还有一些微课制作得更全面，包含了知识点清单、目录页等内容，可以让学习者在观看微课前就对内容有初步的认识。

- 微课封面：播放时长不超过5秒钟，用于呈现微课名称、主讲教师单位、姓名等信息。
- 微课封底：呈现微课作者的联系方式等信息，时间长度一般在5秒钟内。
- 知识点清单：列出本微课所涉及的知识点，便于学习者在看微课前就能对微课内容有初步的了解。
- 微课目录：主要呈现微课教学的目录，提供交互式菜单按钮，学习时可以根据需求自主选择相应的内容学习。
- 章节信息：除了微课封面和封底，在微课画面上下边缘的两端固定位置处显示微课的章节信息，可使微课更显得规范，也可让学习者在观看微课的过程中，随时了解微课所在的章节信息，从而知道微课教学内容在章节结构中的位置。

4. 微课的艺术呈现

微课作为在线教学视频，满足了在线学习者为达到学习目标、完成学习任务的积极情感体验。从学习者的角度出发，要提高微课的应用程度，微课的艺术性也非常重要。

1) 情境艺术

微课教学中可以巧妙设计情景性的教学活动，为学习者创设良好的学习情境。例如，在"灰姑娘"微课开始时，作者精心选用了几幅美国电影动画片《灰姑娘》中的经典彩色插图，加上一段轻松的背景音乐，构建了一个给学习者的视觉、听觉带来唯美效果的童话情境，引人入胜，并为下文提问与讲解做铺垫。

2) 动态艺术

微课课件也要注重画面动与静的艺术,提高微课的视觉效果。在 PowerPoint 课件中注意动静结合,依据微课教学的需要,使用合适的动画效果与动画排序,可以让课件不呆板枯燥,也让微课更加灵动。

3) 排版艺术

若要提高微课的视觉效果,还应注意 PowerPoint 课件的排版艺术,使课件图文并茂,合理搭配字体、字号和颜色,以及使字行、段距错落有致等,会让课件更规范与精美,不仅能提升微课的教学效果,还能吸引学习者的注意力,激发观看的兴趣。

2.4 小结和习题

2.4.1 本章小结

本章是第 1 章的延续,阐述了微课的基础概念和设计理念,进一步帮助学习者理解微课的内涵,具体的学习内容包括:如何选题,规划一节好的微课;如何撰写教学设计和微课脚本;以及分析制作视频、课件等微课资源的技术参数。

- **微课框架规划**:重点分析选题的目的、意义,帮助学习者了解微课选题时需要考虑的因素。
- **微课教学设计**:介绍常见的微课教学类型及教学流程结构,并通过案例具体说明微课导入、小结、练习等环节的处理方法。
- **微课脚本设计**:重点分析课件讲解脚本的作用及脚本的书写方法,以及视觉呈现脚本的设计,并针对不同的制作方法,强调课件及微视频制作过程中的技术要求。

2.4.2 强化练习

一、选择题

1. 微课资源包中除了微视频,还应包含相关的(   )。
   A. 素材、课件及其源文件　　　　　B. 教学设计、自主学习任务单
   C. 教学反思、练习测试及学生反馈　D. 以上都包括
2. 优秀的微课应该满足(   )。
   A. 在视频中嵌套大量的习题
   B. 内容尽可能发散
   C. 有趣,能够引起学习的好奇心和兴趣
   D. 表现单一
3. 微课选题要小而精,可以围绕(   )方面进行选题。
   A. 易错点　　　　B. 重难点　　　　C. 考点　　　　D. 以上都包括

4. (　　)类型的微课适用于教师在课堂教学时，把实物或直观教具展示给学生，或者做示范性实验。

  A. 练习法　　　　　B. 演示法　　　　　C. 讲授法　　　　　D. 讨论法

5. 在进行微课的选题时要注意(　　)。

  A. 一节微课通常只讲一个知识点或典型问题

  B. 该知识点要足够"微"

  C. 能够解决学习者的实际问题

  D. 以上都要注意

二、判断题

1. 微课非常适合碎片化学习。　　　　　　　　　　　　　　　　　　　　　(　　)
2. 微课区别于课堂实录的主要特征是以学习者为中心，聚焦学习内容，并且满足学习者个性化学习的美好体验。　　　　　　　　　　　　　　　　　　　　　　　　　(　　)
3. 只要掌握先进的信息技术就可以制作一节好的微课。　　　　　　　　　　(　　)
4. 微课切忌静态画面太多，停留太久。　　　　　　　　　　　　　　　　　(　　)
5. 微视频应遵循音画同步、视听一致原则，切忌画面与语音讲解不匹配，视听互相干扰。

  (　　)

三、问答题

1. 微课教学流程常见的结构有哪些？请举例说明。
2. 微课选题应遵循的原则有哪些？
3. 如何理解微课脚本在微课制作过程中的作用？请根据自己的选题设计微课脚本。

第 3 章　微课制作准备

制作微课的目的是为学生提供充分的学习资源,要求在较短的时间内以清晰明了的形式讲解一个知识点、考点或实验等。因此,在选题、设计和编写脚本后,一般要根据录制需求准备相应的硬件设备、制作软件等,并对收集的图片、文字、声音、视频等素材进行加工处理,为高效地录制出符合需求的优质微课做准备。

■ **本章内容**
- 制作微课软硬件准备
- 准备微课的制作素材

3.1 制作微课软硬件准备

制作微课时，前期的素材准备、处理，后期的微课制作与发布，都需要一定的硬件设备做支撑。不同的制作方式，需要的硬件制作环境也不同，良好的硬件设备可以大大提高微课制作的效率。

3.1.1 准备硬件设备

在制作微课课件之前，微课所需的文本、图像、声音、视频等素材的采集和处理都需要相关的硬件设备支持，常用的硬件包括计算机、数码相机、摄像机、扫描仪、U盘和移动硬盘、麦克风等设备。

1. 前期制作硬件

微课制作前期素材的采集需要一定的硬件支持，特别是视频、声音素材的采集需特定的设备来完成(如数码摄像机、数码相机、话筒、耳机、扫描仪等)。

- 数码拍照设备：使用数码相机、手机可以随时随地捕捉照片素材，不仅方便，而且图像质量高。常见的数码拍照设备有单反相机(单反相机比较专业，机身较重，拍出的照片效果较好)、平板电脑和智能手机等，如图3-1所示。数码拍照设备的优点是操作简单、携带方便。

单反相机

平板电脑

智能手机

图3-1 常见的数码拍照设备

- 视频采集设备：微课中的视频可以从其他视频中截取，也可以通过录屏软件录制，最为灵活的方式是运用数码摄像机进行拍摄，其拍摄的图像清晰度高、录音质量好，是制作拍摄型微课必不可少的设备，常见的视频采集设备有磁带式录像机、硬盘式录像机、数码相机、智能手机等，如图3-2所示。

磁带式录像机

硬盘式录像机

数码相机

智能手机

图3-2 常见的视频采集设备

- 图像扫描设备：图像扫描设备是课件制作过程中使用最普遍的设备之一，它可以扫描图像和文字，并将其转换为计算机可以显示、编辑、存储和输出的数字格式。制作课件时，将扫描后的图片、照片、课文的插图、杂志封面、实物图像、课文中的文字等输入计算机中，并形成文件存储起来。常见的图像扫描设备有扫描仪、高拍仪和扫描笔等，如图3-3所示。

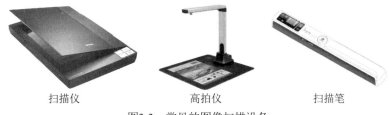

扫描仪　　　　　高拍仪　　　　　扫描笔

图3-3　常见的图像扫描设备

- 其他辅助设备：在制作微课时，通常还需要使用耳麦和话筒进行声音的录制、手写板进行手写输入和板书演示，以及使用PowerPoint课件翻页器控制课件播放等。微课制作其他辅助设备，如图3-4所示。

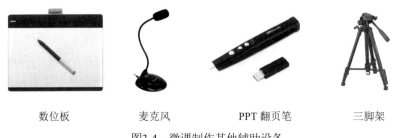

数位板　　　麦克风　　　PPT翻页笔　　　三脚架

图3-4　微课制作其他辅助设备

2. 后期制作硬件

多媒体计算机设备是微课制作系统中最基础的设备，如台式计算机、笔记本电脑、平板电脑及手机等都可以用来录制、制作微课。一台多媒体计算机设备性能的优劣，将直接影响微课制作的效率，所以一定要选好计算机终端设备。在选购多媒体计算机设备时，需要综合考虑CPU、内存、硬盘和显卡的性能。例如，在制作微课时，通常要收集很多素材，这就需要较大的硬盘容量。微课的后期制作主要使用计算机将现场拍摄所得到的素材(如文本、图像、声音、视频素材等)进行编辑、加工和处理，需要用到专业的视频编辑软件，应尽量选择大容量的内存和性能相对优异的显卡。常见的计算机，如图 3-5 所示。

台式计算机　　　　笔记本电脑　　　　平板电脑

图3-5　常见的计算机

3.1.2 准备相关软件

微课的制作工具有很多种，包括录屏制作、字幕添加、格式转换、视频编辑等。图 3-6 列举了常用的部分微课制作软件，这些软件可以对采集的文字、图像、声音、视频等素材进行加工处理、合成，每个软件都有自身的特点，在实际制作过程中，常常需要几种工具软件配合使用，如先利用 PowerPoint 软件制作课件，再通过录屏软件录制整个教学过程，最后通过视频编辑软件进行编辑、合成。在这些软件中，最简单、最常用的是录屏软件。

图3-6 常用的微课制作软件

1. Camtasia Studio软件

Camtasia Studio 是一套专业的微课制作软件，该软件具有从屏幕录像到视频编辑、转换、再到发布等一系列功能。使用 Camtasia Studio 软件，用户可以方便地进行屏幕操作的录制和配音、视频的剪辑和过场动画、添加说明字幕和水印、制作视频封面和菜单、压缩和播放视频；还可以录制屏幕图像、鼠标操作并同步进行音频录制，在录制完成后可以使用 Camtasia Studio 内置的强大视频编辑功能对视频进行剪辑、修改、解码转换、添加特殊效果等操作。Camtasia Studio 软件使用界面，如图 3-7 所示。

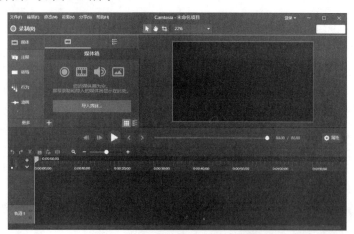

图3-7 Camtasia Studio软件使用界面

2. "万彩动画大师"软件

"万彩动画大师"软件是一款动画视频制作工具，可以通过添加文字、图片、视频、动画、声音文件等，制作成专业的动画视频效果。"万彩动画大师"软件操作简单、上手方便，可用来制作趣味类的微课视频，对于当前大部分以文件为主的微课制作技术来说，使用该软件制作的微课可以大大提高学习者的学习兴趣。"万彩动画大师"软件使用界面，如图3-8所示。

图3-8　"万彩动画大师"软件使用界面

3. Focusky软件

Focusky是一款新型多媒体幻灯片制作软件，其操作的便捷性及演示效果超越了PowerPoint课件。传统的PowerPoint课件为单线条时序，只能一张接一张地切换播放，比较单一，而Focusky打破了常规采用的整体到局部的演示方式，以路线的呈现方式，模仿视频的转场特效，加入生动的3D镜头缩放、旋转和平移特效，像一部3D动画电影，给听众带来强烈的视觉冲击力。Focusky软件功能丰富，在制作微课时，可通过缩放、旋转、移动动作使视频演示内容变得生动有趣。Focusky软件使用界面，如图3-9所示。

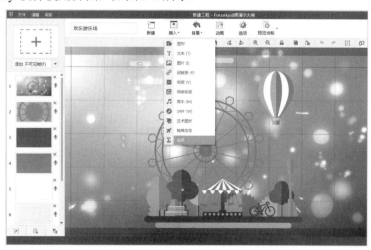

图3-9　Focusky软件使用界面

4. Adobe After Effects软件

After Effect 简称 AE，是一个视频剪辑及设计软件，是制作动态影像设计不可或缺的辅助工具，是视频后期合成处理的专业编辑软件。现在网上有很多 AE 模板，借助模板修改或替换成自己的微课内容，可以做出精彩的微课视频特效。Adobe After Effects 软件使用界面，如图 3-10 所示。

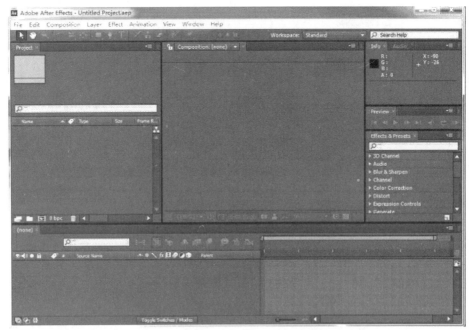

图3-10　Adobe After Effects软件使用界面

5."希沃白板"软件

希沃白板是一款全新的综合式教学辅助软件，制作的课件主要以云课件形式存在，登录后即可随调随用。"希沃白板"软件中的"知识胶囊"功能可以流互动、语音识别和课程录音的方式灵活录制视频，录制好后在预览过程中若发现有不足之处可以删减、修改，完成后保存并分享录制的视频。"希沃白板"软件使用界面，如图 3-11 所示。

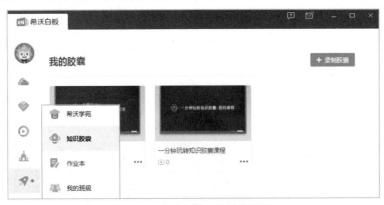

图3-11　"希沃白板"软件使用界面

3.2 制作微课的素材准备

制作微课前，应根据规划收集制作微课课件所需的文本、图像(图形)、声音、视频等素材，并且这些素材要先进行一定的加工处理，以满足制作微课课件的要求。

3.2.1 获取与加工文本素材

在制作微课课件时，各种标题、概念、计算公式、命题、说明等内容都需要用文本来进行描述和表达，通过键盘录入、网络下载等手段获取文字素材后，需要对文字素材进行加工处理以满足制作需求。

实例1　网上获取文字

本例是人教版高中《语文》必修五微课课件"咬文嚼字"的内容，通过本实例主要介绍从网上复制文字到课件中的方法。本实例需要先在搜索引擎中输入"关键字"搜索需要的文本，然后复制文本并粘贴到微课课件中，设置字体格式后，完成制作。

跟我学

01 搜索文字　打开浏览器，利用搜索引擎搜索需要的文本。

02 复制文字　浏览网页内容，按图 3-12 所示操作，选中并复制文字。

图3-12　复制文字

03 粘贴文字　打开课件"咬文嚼字(初).pptx"，切换到第 2 张幻灯片，按图 3-13 所示操作，先粘贴文字，再设置字体格式。

04 保存课件　以"咬文嚼字(终).pptx"为名，保存课件。

图3-13　粘贴文字

实例 2 手机 QQ 软件扫描获取文字

当需要教科书中的文字内容时,可以先通过网络查找的方式进行搜索,若对搜索的文字素材不满意,还可以通过手机 QQ 软件获取书中的文本素材,这样可以节约大量的时间。

本例是部编版四年级下册《语文》课本"天窗"一课的内容,通过本实例主要介绍利用手机 QQ 软件直接扫描获取文字的方法。学习者可先登录手机 QQ,然后利用"扫一扫"功能扫描并将文字发送至计算机,完成文字的获取。

跟我学

01 选择命令 在智能手机上登录 QQ,按图 3-14 所示操作,选择"扫一扫"命令。

图3-14 选择命令

02 扫描文字 将智能手机的镜头对准课本页面,按图3-15 所示操作,扫描文字。

03 发送文字 按图3-16 所示操作,复制扫描后的文字并发送给好友"我的电脑"。

图3-15 扫描文字

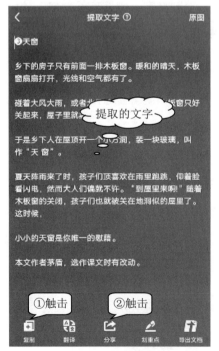

图3-16 选择命令

04 复制文本 在计算机上登录相同账号的 QQ，复制文本素材后，粘贴到微课课件中保存即可。

1. 语音输入文本

当需要输入大量汉字时，为了提高效率可以使用语音输入，可下载、安装"讯飞语音输入法"软件，然后连接话筒，按图 3-17 所示操作，在说话的同时即可生成文字。

图3-17　语音输入文本

2. 手写输入文本

当输入汉字遇到不认识的字时，可以用手写输入的方式进行输入，常见的输入法软件都支持手写输入，按图 3-18 所示操作，在 QQ 输入法中实现手写输入。

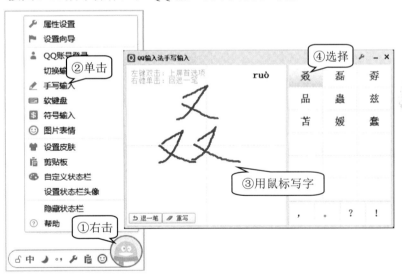

图3-18　手写输入文本

实例3　安装新字体

文字格式的设置离不开字体的设置，但系统自带的字体较少，有时满足不了个性化设置的需求，可以根据需求从网上查找并安装需要的字体，再设置微课课件中的字体。

本例是利用安装的新字体来设置课件中的字体，通过本实例主要介绍新字体下载和载入的方法。添加新字体可以通过百度搜索方正字体库字体，然后复制字体文件到系统的"C:\Windows\Fonts"文件夹中，完成新字体的安装。

跟我学

01 搜索字体 打开浏览器，在百度上搜索字体，选择需要的字体并下载。

02 安装新字体 找到".ttf"文件，按图3-19所示操作，完成字体的安装。

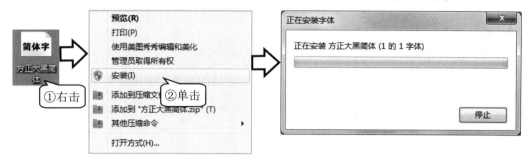

图3-19 安装新字体

03 查看新字体 打开课件，查看新字体，效果如图3-20所示。

图3-20 查看新字体

知识库

1. 嵌入字体

如果课件使用了系统自带字体以外的特殊字体，则可以使用嵌入字体的方式保存课件，以确保课件在其他计算机上能正常显示原有样式。

- **另存课件** 选择"文件"→"保存"命令，在弹出的界面中选择"另存为"选项。
- **选择保存位置** 双击"这台电脑"选项，在弹出的"另存为"对话框中选择合适的保存位置。
- **嵌入字体** 按图3-21所示操作，将字体嵌入课件中。
- **保存课件** 单击"保存"按钮，保存课件。

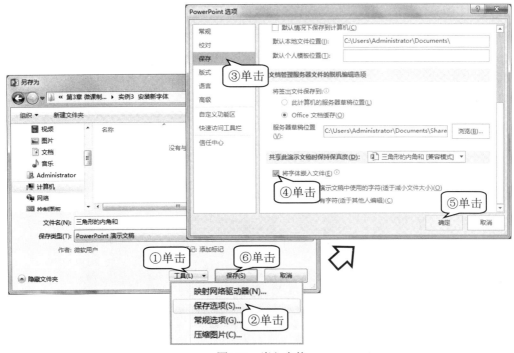

图3-21 嵌入字体

2. 美化一般文字

一般文字通过设置和美化也能具有"艺术字"的效果,例如,先对一般文字设置艺术字样式,再通过选择"艺术字样式"组中的"文本效果"→"转换"→"倒三角"命令进行设置,可制作出如图3-22所示的效果。

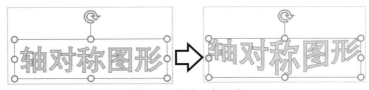

图3-22 美化一般文字

3.2.2 获取与加工图像素材

图形、图像是制作微课课件必不可少的素材,如背景、人物、界面、按钮等,而且图形和图像是学习者非常容易接受的信息,一幅图可以胜过千言万语,能形象、生动、直观地表现出大量的信息,帮助学习者理解知识,比枯燥的文字更能吸引读者。

实例4 网上搜索图片

互联网是一个资源的宝库,从中可以得到很多有用的图像,用于制作课件,既可以从专门的图像网站上下载,也可以到与课件制作内容相关的网站上去查找。

本例是五年级下册《美术》第1课"人民艺术家齐白石"课件中的素材图片,通过本实例主要介绍网上搜索图片的方法。本实例是通过"百度图片"网站,从网上搜索齐白石的相关作品图片并保存,掌握从网上获取图片素材的方法。

跟我学

01 **搜索图片** 打开浏览器,进入"百度图片"网站,按图 3-23 所示操作,搜索"齐白石作品"相关的图片。

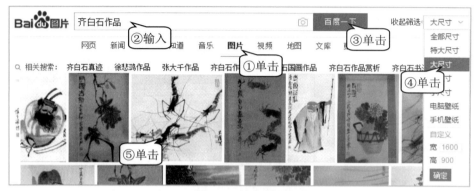

图3-23 搜索图片

 下载图片时,为了获取清晰的图片,应选择尺寸稍大的图片,有利于提升课件的整体效果。

02 **保存图片** 右击图片,选择"另存为"命令,将搜索到的图片保存到计算机中。

实例5 截取图片

一般,有些软件(如现成的课件、教学视频)在运行时,屏幕上会出现一些让人感兴趣的画面,可使用专用的截图软件将其截取下来,其中最常用的截图软件是 Snagit,该软件可以截取整个屏幕、窗口,甚至是不规则窗口,也可以根据实际需求截取鼠标指针。

本例是人教版小学《体育与健康》课件"五步拳"中的内容,通过本实例主要介绍从课件中截取图片的方法。本实例是在放映课件时,利用 Snagit 软件捕获需要的图像,并对图像进行编辑、加工和存储,掌握截取需要图片的技巧。

跟我学

01 **运行软件** 搜索、下载、运行 Snagit 软件。
02 **设置捕获选项** 按图 3-24 所示操作,配置文件,准备捕获图像。
03 **截取图像** 打开课件"五步拳.pptx"并播放,当出现需要的画面时,按 Print Screen 键,在所需的画面上拖动出一个矩形框,松开鼠标,出现如图 3-25 所示的 Snagit 编辑器。

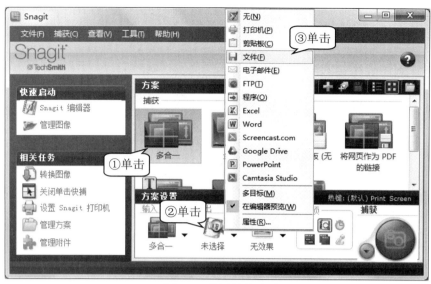

图3-24 设置捕获选项

图3-25 截取图像

 运行QQ软件后,按Ctrl+Alt+A键截图,或者打开微信,按Alt+A键截图,可直接粘贴到PowerPoint课件中,也可粘贴到聊天框,另存到计算机中。

04 编辑图像 选择"图像"选项,按图3-26所示操作,在Snagit编辑器中拖动图片边框控制点,裁剪图片。

05 保存图片 单击"保存" 按钮,打开"另存为"对话框,选择保存位置并输入文件名,将截取的图像保存为文件。

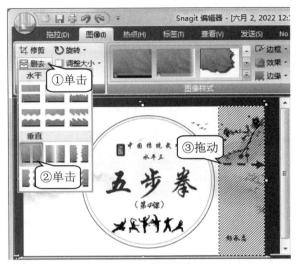

图3-26　裁剪图像

实例6　手机拍摄通过 QQ 导入

随着科技的发展和智能手机的普及，手机的拍照效果越来越好，人们已经习惯随时用手机进行拍摄。手机中的照片或视频除了用数据线导入计算机，还可以使用 QQ 软件把照片或视频发送到计算机。

本例主要介绍将拍摄的照片用 QQ 软件导入计算机的方法。本实例是先用手机拍摄与微课主题相关的图像素材，再通过手机 QQ 发送到"我的电脑"中，查看并保存图片素材。

 跟我学

01 拍摄照片　按图 3-27 所示操作，用手机拍摄与微课主题相关的照片。

图3-27　拍摄照片

02 选择接收设备　运行手机中的 QQ 软件，登录 QQ 账号，按图 3-28 所示操作，选择接收设备为"我的电脑"。

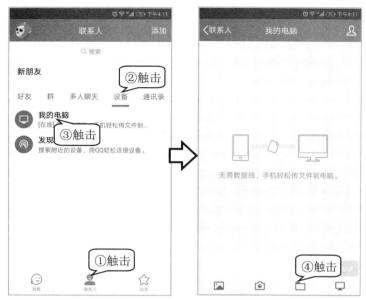

图3-28 选择接收设备

03 发送手机照片 按图3-29所示操作,将手机中的照片发送到"我的电脑"中。

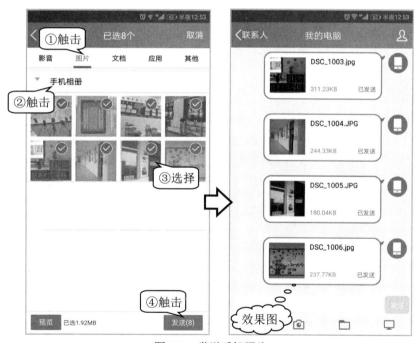

图3-29 发送手机照片

04 查看照片 在计算机中运行QQ软件,登录相同账号,在弹出的窗口中,按图3-30所示操作,打开照片所在的文件夹,查看照片。

05 分类存放 查找图像并保存到"图片素材"文件夹中。

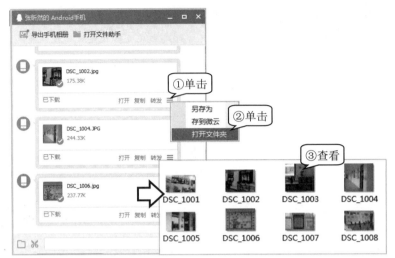

图3-30　查看照片

1. 扫描图像

若在书或报纸杂志中有课件所需要用到的图片，可以通过扫描仪将图像扫描下来，存储在计算机中作为微课课件素材。在扫描图片时，先将书本中含有图片的一页放进扫描仪，然后打开扫描软件进行扫描。扫描完成后，自动生成一张图片文件。

- **打开扫描仪**　根据说明书，将扫描仪连接到计算机中，并打开开关。
- **扫描图片**　打开扫描软件，按图3-31所示操作，扫描图片。

图3-31　扫描图片

- **生成图片**　扫描后，在指定的文件夹下会建立一个相应的图片文件，再对图片进行分类存储。

2. 使用Print Screen键截图

键盘上的Print Screen键可以截取屏幕图像，当按下该键时，系统会自动将截取的图像保存到剪贴板中，粘贴后即可进行编辑。
- **抓取全屏**　直接按Print Screen键，即抓取全部屏幕图像。
- **抓取当前窗口**　按住Alt＋Print Screen键，截取当前的活动窗口图像。
- **抓取菜单**　打开需要截取的菜单后，按Print Screen键，粘贴到指定的软件后，删除不需要的部分，保留需要的部分。

3. 使用微信快捷键截图

随着互联网的发展和创新，微信逐渐成为人们传输数据的工具之一，微信截图更加简单、实用，使用 Alt+A 键，即可截取整个屏幕或局部窗口。当按下该快捷键时，系统会自动将截取的图像保存到剪贴板中，粘贴后即可进行编辑。
- **截取全屏**　同时按下 Alt+A 键，在屏幕上拖曳出一个矩形框，松开鼠标，截取整个屏幕，粘贴到指定的软件，删除不需要的部分，保留需要的部分。
- **截取局部窗口**　按住 Alt+A 键，根据微课制作需求截取部分屏幕图像，粘贴到指定的软件，再进行后期处理。

实例7　批量更改图像尺寸

在制作微课课件时，可能会插入很多图片，有时需要指定尺寸的图像，而有时又需要多张图片统一尺寸的图像，利用"美图秀秀"软件可以修改或批量修改图像尺寸。

本例是人教版二年级《语文》课件"黄山奇石"的内容，通过本实例主要介绍批量处理更改图像尺寸的方法。制作本实例时，先从网上下载黄山风景相关图片，再利用"美图秀秀"软件件中的"批量处理"功能将图片尺寸调整为"800×600"，完成制作。

跟我学

01 选择批量处理　运行"美图秀秀"软件，选择"批量处理"命令。
02 添加目标文件夹　按图 3-32 所示操作，添加目标文件夹。

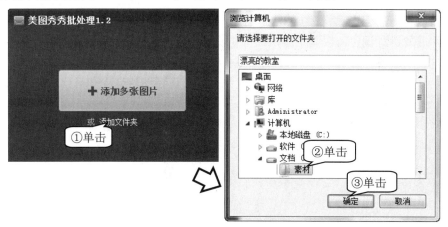

图3-32　添加目标文件夹

03 设置修改尺寸参数　按图 3-33 所示操作，设置批量调整尺寸参数为"800×600"。

图3-33　设置修改尺寸参数

04 查看效果　查看批量修改图像尺寸后的效果，如图3-34所示。

图3-34　查看效果

| 实例8 | 调整图像亮度与对比度 |

　　在微课课件制作过程中，有时由于各种因素影响导致拍摄或扫描的图像过暗，以至于看不清图像上的内容；有时过亮，使图像的对比度下降，同样看不清图像上的内容。对于这些图像，在制作课件前要进行调整，以满足微课课件制作的要求。

　　本例是电子工业出版社五年级《信息技术》课件"缤纷的校园剪影"中的图片素材，如图 3-35 所示，通过本实例主要介绍使用"美图秀秀"调整图片亮度和对比度的方法。

调整前　　　　　　　　　　　　　调整后

图3-35　调整亮度和对比度前后效果图

制作本实例分为两步：第一步是在"美图秀秀"软件中打开需要调整的图片；第二步是利用"美化功能"完成亮度和对比度的设置，完成后保存生成的新文件。

跟我学

01 **选择文件** 运行"美图秀秀"软件，打开素材文件"校园风景.jpg"。
02 **调整亮度和对比度** 按图 3-36 所示操作，选择"美化图片"→"光效"命令，调整图像的亮度和对比度。
03 **保存图片** 选择"保存与分享"按钮，生成新文件"校园风景_副本.jpg"。

图3-36 调整亮度和对比度

实例9 去除干扰元素

在制作微课时，准备的素材图像中或多或少有些干扰元素，如网上下载的图片带有水印、拍摄的照片中有抢镜的人物等，使用图像处理软件可以轻松去除这些干扰元素。

本例是人教版三年级上册《语文》课件"荷花"中的图片，如图 3-37 所示，通过本实例介绍使用 Photoshop 软件去除干扰元素的方法。

有水印

无水印

图3-37 去除水印前后效果图

制作本实例时，应先在"美图秀秀"软件中打开需要处理的图片，然后利用"消除笔"工具去除图片中的水印，完成制作。

跟我学

01 打开图片　运行"美图秀秀"软件，打开"荷花风景.jpg"文件。

02 设置画笔　按图 3-38 所示操作，将"消除笔"的画笔大小设置为"40"。

图3-38　设置画笔

03 消除水印　按图 3-39 所示操作，消除水印。

图3-39　消除水印

04 保存文件　单击"保存"命令，将文件存储为"荷花风景_副本.jpg"。

实例 10　保留主体图案

在制作课件时，为了突出图片中的主体，需要删除背景，利用 PowerPoint 软件中的删除背景功能可以轻松抠出所需要的主体。

本例是人教版七年级《语文》下册课件"爱莲说"中的"莲花"图片素材，为了突出莲花，需要删除莲花图片中的背景，保留主体莲花图案，删除背景前后的对比效果如图 3-40 所示。通过本实例主要介绍删除图片背景、保留主体图案的方法。

制作此幻灯片中的图片时，需要先将图片插入幻灯片中再删除图片的背景，保留主体图案，完成制作。

删除背景前　　　　　删除背景后

图3-40　删除背景前后的对比效果

跟我学

01 插入图片　运行 PowerPoint 软件，打开"爱莲说(初).pptx"，在第 1 张幻灯片中插入图片"荷花.jpg"。

02 选择命令　按图 3-41 所示操作，选择"删除背景"命令。

图3-41　选择命令

03 选定保留区域　按图 3-42 所示操作，标记"要保留的区域"和"要删除的区域"后，保留更改。

图3-42　选定保留区域

04 **优化调整**　调整图片大小后，适当裁剪空白部分。
05 **保存课件**　以"爱莲说(终).pptx"为名，保存课件。

3.2.3　获取与加工声音素材

精彩的微课离不开生动的讲解，而在课件中合理加入一些声音，不仅能使课件变得生动，还能更好地表达教学内容，这些都能给学习者带来听觉享受，有利于提高学习效率。

| 实例 11 | 网上获取声音 |

在互联网上可以得到很多有用的声音素材，用于微课课件制作。通常，既可以直接从音乐网站下载声音素材，也可以通过搜索引擎查找相关声音素材。

本实例主要介绍从网上获取声音的方法，可以先在线搜索需要的声音素材，然后试听并下载音乐，将下载的音乐素材分类存储在指定素材文件夹中。

跟我学

01 **搜索音乐**　在浏览器地址栏中输入"搜狗音乐"网址，进入网站，搜索音乐"让世界充满爱 伴奏"。

02 **下载音乐**　按图 3-43 所示操作，选择需要的音乐素材，试听并下载。

图3-43　下载音乐

03 **保存音乐**　以"让世界充满爱 伴奏"为名，将下载的音乐文件保存到"素材"文件夹中。

| 实例 12 | 录制声音 |

话筒是多媒体计算机的输入设备之一，用 Windows 自带的"录音机"程序，可以采集声音素材，操作方法也比较简单，但功能有限，因此，本例不再采用该程序，改用功能更强大的音频处理软件 GoldWave。

本例是人教版六年级《语文》下册课件"匆匆"中的"朗读生字"内容，通过本实例主要介绍录制声音的方法。制作本例时，可根据实际情况先调整好麦克风音量，然后录制声音，再对声音的音频选项进行设置。

跟我学

01 连接音频线 将话筒和计算机的声卡正确地连接好，效果如图3-44所示。

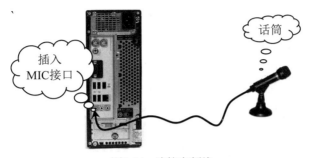

图3-44 连接音频线

02 设置麦克风音量 右击任务栏"通知区"的 图标，按图3-45所示操作，将麦克风音量调至适当的位置。

图3-45 设置麦克风音量

03 新建文件 运行GoldWave软件，单击"文件"→"新建"命令，按图3-46所示操作，设置声音文件的声道数为"2(立体声)"，初始化长度为"6:00"。

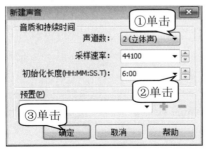

图3-46 新建文件

04 开始录音 按图 3-47 所示操作，对着话筒进行录音。

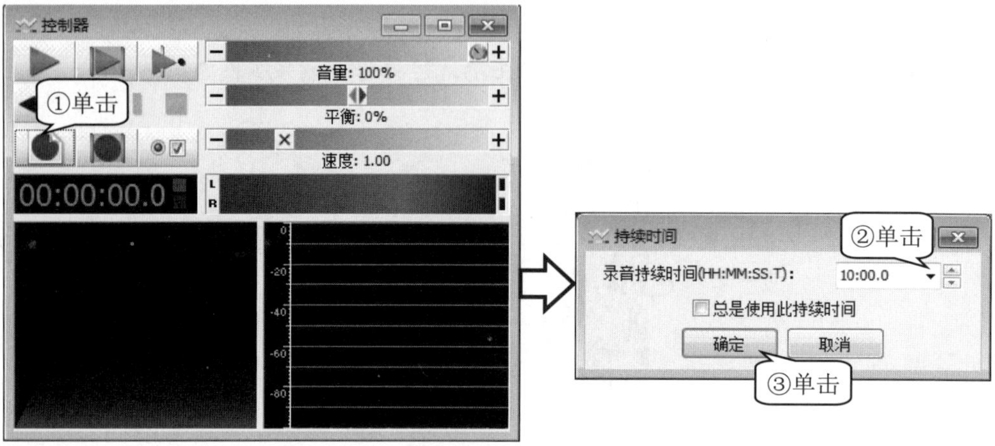

图3-47 开始录音

05 停止录音 录音完成后，单击"停止"按钮，停止录音。
06 保存文件 选择"文件"→"保存"命令，打开"另存为"对话框，保存文件。

实例13 从视频中提取声音

制作微课时，所需要的声音素材可以从视频文件中提取出来，直接用 GoldWave 软件打开视频格式文件，另存为音乐格式文件，就可以轻松实现声音文件的提取。

本例是人教版八年级下册《语文》课件"大自然的语言"中的教学视频，通过本实例主要介绍从视频中提取声音的方法。从视频中提取声音，可先将视频导入 GoldWave 软件中，再将视频另存为 MP3 格式，完成制作。

跟我学

01 打开视频文件 运行 GoldWave 软件，打开视频文件"大自然的语言.mp4"。
02 另存为音频文件 选择"文件"→"另存为"命令，保存声音文件为"大自然的语言.mp3"。

实例14 截取声音片段

在制作微课课件时，有时仅需要某个声音文件的某一段或截取一些现场录音文件，这就需要使用 GoldWave 软件对声音文件进行裁剪，以达到最好的表达效果。

本例是人教版八年级《语文》课件"海燕"中整篇课文朗读的声音，通过本实例主要介绍从一整篇朗读中截取某一声音片段的方法。首先在 GoldWave 软件中打开需要截取的声音文件，其次截取并复制粘贴需要的声音片段，最后试听截取的声音片段，完成制作。

跟我学

01 打开文件 运行 GoldWave 软件，选择"文件"→"打开"命令，打开"海燕.mp3"声音文件。

02 放大波形 连续 5 次单击"编辑"工具栏中的"放大"按钮，将声音的波形图放大。

03 选择声音片段 按图 3-48 所示操作，设置声音片段的"开始标记"与"结束标记"。

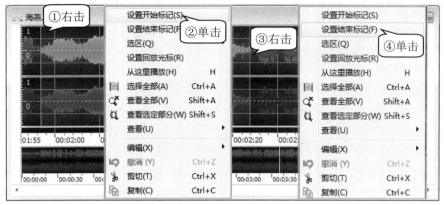

图3-48　选择声音片段

04 复制片段 单击"编辑"工具栏中的"复制"按钮，复制选中的区域。

05 粘贴声音片段 单击"编辑"工具栏中的"粘贴"按钮，自动粘贴为一个新的声音文件，效果如图 3-49 所示。

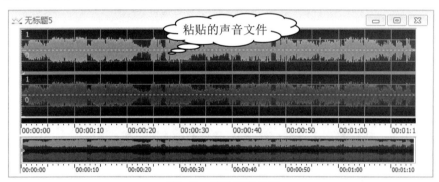

图3-49　粘贴声音片段

06 保存文件 选择"文件"→"保存"命令，打开"另存为"对话框，将文件命名为"海燕-片段.mp3"，保存文件。

 "格式工厂"也是一款多媒体格式转换软件，可以实现大多数音视频等不同格式之间的相互转换，还具有设置文件输出配置及音视频截取、合成等转换功能。

实例 15　调整音量

在制作微课课件时，特别是语文课件，需要课文的朗读音频素材，若声音素材的音量过小，则会影响教学效果，使用 GoldWave 软件可以轻松实现对音量的调整。

本例是人教版八年级《语文》课件"大自然的语言"中的内容，通过本实例主要介绍使用 GoldWave 软件调整课文朗读声音的音量大小，如图 3-50 所示。

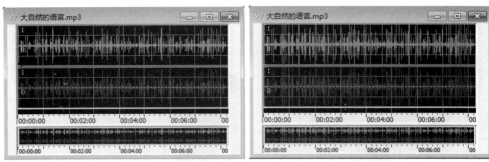

音量调整前　　　　　　　　　　　音量调整后

图3-50　音量调整前后效果图

调整朗读音频的音量，需要先在GoldWave软件中打开声音素材，然后设置音量参数并测试声音效果，完成制作。

跟我学

01 选择命令　运行GoldWave软件，打开"大自然的语言.mp3"文件。

02 设置参数　选择"效果"→"音量"→"更改音量"命令，按图3-51所示操作，设置音量参数。

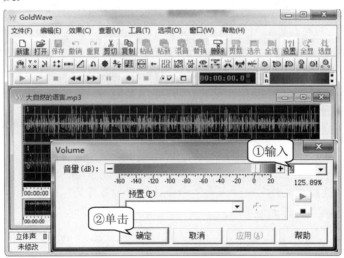

图3-51　设置参数

03 测试效果　测试声音，达到需求后，以"大自然的语言(增加音量).mp3"为名，保存文件。

实例16　降噪

在嘈杂的环境下录制声音，会产生噪声，要去掉录制声音中的噪声是一件比较困难的事，可利用GoldWave软件中的降噪功能大大减少声音文件中的噪声。

本例是人教版二年级下册《语文》课件"蜗牛与黄鹂鸟"中的配音内容，通过本实例主要介绍使用GoldWave软件对声音文件进行降噪，如图3-52所示。

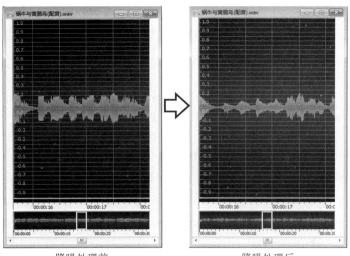

降噪处理前　　　　　　　　　降噪处理后

图3-52　降噪处理前后效果图

制作本实例，首先在 GoldWave 软件中打开声音素材，其次在"滤波器"中对声音文件设置降噪处理，最后试听声音，会发现降噪处理后的声音效果明显比降噪前的声音清晰很多。

跟我学

01 打开文件　运行 GoldWave 软件，打开"蜗牛与黄鹂鸟(配音).wav"文件。

02 设置降噪　选择"效果"→"滤波器"→"降噪"命令，打开"降噪"对话框，按图 3-53 所示操作，对声音文件进行设置降噪处理。

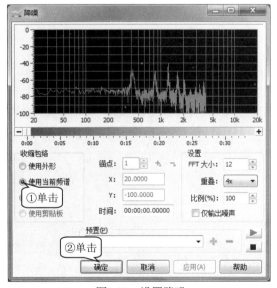

图3-53　设置降噪

03 保存文件　将降噪前与降噪后的波形进行比较，按 Ctrl+S 键，保存文件。

1. 听歌识曲

制作微课课件时，经常会使用到音乐，但有时不知道搜集的音乐的曲目名称，这给搜索带来了一定的难度，如今智能手机的很多软件具备"听歌识曲"的功能，可通过音频检索技术轻松识别出曲目，按图3-54所示操作，使用 QQ 音乐软件的"听歌识曲"功能辨别所需音乐。

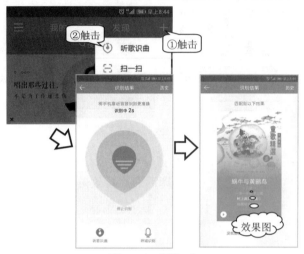

图3-54　听歌识曲

2. 常用音频软件

使用计算机录制、处理声音，是微课制作过程中经常要做的工作，比较常用的几款音频软件有如下几种。

1) Adobe Audition

该软件是 Adobe 公司开发的音频编辑工具，提供音频混合、编辑、控制和效果处理等，功能强大，操作简单、便捷。Adobe Audition 软件界面，如图 3-55 所示。

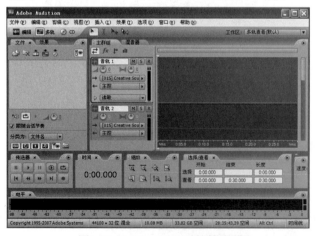

图3-55　Adobe Audition软件界面

2) Cool Edit Pro 软件

该软件是音频处理软件，可以打开 WAV、MPC、MP+、MP2、MP3、VOX、RAW、OGG、WMA、CDA 等扩展名的音乐文件，进行声波编辑、剪裁、混音等工作；还可以从 CD、麦克风、立体混音装置、影片等来源中进行录音，具有完整的录音功能。Cool Edit Pro 软件界面，如图 3-56 所示。

图3-56　Cool Edit Pro软件界面

3.2.4　获取与加工视频素材

制作微课时，用拍摄、下载等方式获取视频素材后，可根据实际需求进一步加工处理，如裁减掉视频中的无用片段、截取网上下载视频中的部分片段、合并多个视频片段等。

实例 17　网上获取视频素材

互联网上有很多精彩的视频，将这些视频下载下来用在课件中，可以使课件更具有魅力和使用价值。

本例是鲁教版高中《化学》必修二中课件"氯气实验室制法"的内容，通过本实例主要介绍网上获取视频素材的方法。从网上获取视频素材，可以先在线搜索需要的视频素材，然后利用视频下载软件捕捉并下载视频文件，将下载的视频素材分类存储在指定素材文件夹中。

跟我学

01 运行软件　在计算机中安装视频下载工具"维棠视频下载"软件，并运行该软件。

02 搜索视频　打开搜索引擎，搜索高中化学实验"氯气实验室制法"视频。

03 复制网址　按图 3-57 所示操作，将视频地址复制到剪贴板中。

04 捕捉视频　切换到"维棠视频下载"软件窗口，单击"新建"按钮，按图 3-58 所示操作，捕捉视频文件，单击"确定"按钮，开始下载视频文件。

图3-57　复制网址

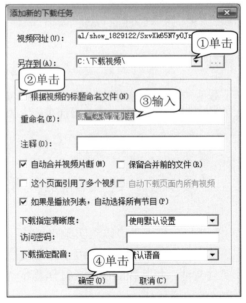

图3-58　捕捉视频

实例18　手机录制视频

在制作微课时，使用手机中的"录像"功能可以轻松实现视频素材的获取，首先需要设置分辨率，其次对准活动主体进行拍摄，最后通过手机QQ导入计算机。

本实例主要介绍使用手机录制视频并导入计算机的方法，先在手机中设置视频分辨率的宽高比，然后调整焦距和光线，对准活动主体进行拍摄，将拍摄的视频上传到计算中。

跟我学

01 设置分辨率　进入手机主桌面，按图 3-59 所示操作，设置视频分辨率的宽高比为"16∶9"。

图3-59　设置分辨率

02 拍摄视频　调整焦距和光线，触击"录像"按钮，对准活动主体进行拍摄。

03 同传视频　登录手机QQ，从联系人中找到"我的电脑"，按图 3-60 所示操作，同传视频。

图3-60　同传视频

04 导入计算机　在计算机端运行QQ，自动打开与手机对话的窗口，按图 3-61 所示操作，将视频保存到"素材"文件夹中。

图3-61　导入计算机

实例19　裁剪视频

在微课制作的前期素材准备中，若只想使用从网上下载的一段精彩的电影或其他视频中的一段，就需要对视频进行裁剪，可以利用多款软件实现对视频的裁剪，本例将用一款简单的软件来处理。

本例是部编版高中《语文》必修上册课件"短歌行"中的内容，通过本实例主要介绍裁剪视频的方法。制作本实例需要先确定截取视频片段的开始时间和结束时间，然后再利用软件截取并保存视频片段，完成制作。

跟我学

01 添加视频　运行"格式工厂"软件，转换格式选择为"WMV"，按图3-62所示操作，添加"《短歌行》名家点评.avi"，输出位置设置为C盘中的"裁剪视频"文件夹。

02 截取视频　按图3-63所示操作，设定截取片段的开始时间为"00:00:05:00"、结束时间为"00:00:20:00"。

03 开始转换　单击"开始"按钮，截取"《短歌行》名家点评.avi"片段，保存在"裁剪视频"文件夹中。

04 关闭软件　单击"格式工厂"软件窗口右上角的"关闭"按钮，关闭软件。

利用"格式工厂"软件不但可以截取视频片段，还可以使用"高级""视频合并"功能，把多个视频片段合并为一段视频。

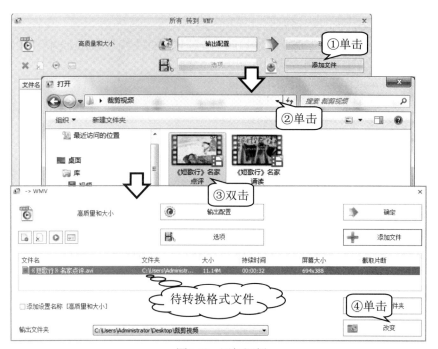

图3-62　添加视频

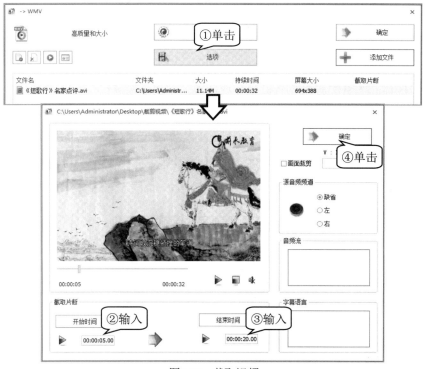

图3-63　截取视频

实例20　截取视频局部画面

在加工微课视频素材时,若只需要视频画面中的局部内容,如录制微课时画面过大,不需要的内容也被录了下来，这时就需要截取视频的局部画面。

本例是人教版小学四年级下册《数学》课件"三角形的内角和微课.mp4"中的视频，通过本实例介绍截取视频局部画面的方法，如图3-64所示。

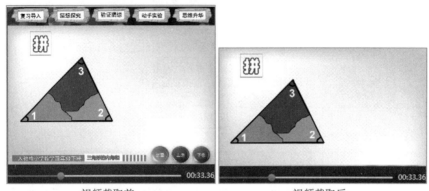

视频截取前　　　　　　　　　视频截取后

图3-64　视频截取前后效果图

制作本实例需要将视频导入"快剪辑"软件中，然后选择需要裁剪的视频片段区域，裁剪视频，完成制作。

跟我学

01 导入视频　下载、安装、运行"快剪辑"软件，新建项目，并导入本地视频"三角形内角和微课.mp4"。

02 裁剪视频　选中需要裁剪的视频片段区域，按图3-65所示操作，裁剪视频。

图3-65　裁剪视频

03 导出视频 按图 3-66 所示操作，设置视频保存路径、文件格式、导出尺寸、特效片头等，导出视频。

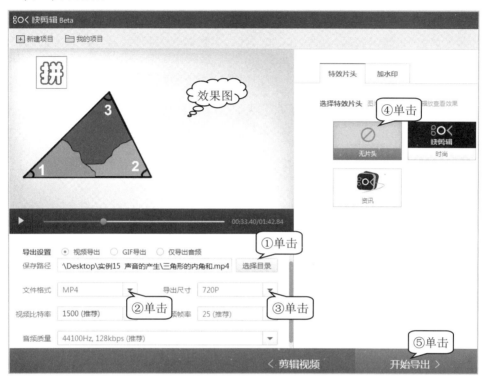

图3-66　导出视频

知识库

1. 转换视频格式

视频有多种格式，每一种格式都有各自的特点，如：WMV 格式的视频文件具有体积小、加载速度快，适合在网络上播放和传输等特点；AVI 格式的视频文件具有图像质量好、可跨多个平台使用等特点；MP4 格式的视频文件具有磁盘空间占地小、画质清晰等特点。这些视频格式之间不能直接转换，只有通过专业工具软件才能实现各种格式间的相互转换，下面使用"格式工厂"软件将 MP4 格式转换成 WMV 格式。

- **运行软件**　选择"开始"→"所有程序"→"格式工厂"命令，打开"格式工厂"软件使用界面。
- **添加视频**　从任务窗格中选择"视频"→WMV按钮，按图3-67所示操作，添加待转格式的视频。
- **完成转换**　按图3-68所示操作，将视频格式转换为WMV，打开输出文件夹，查看目标文件。

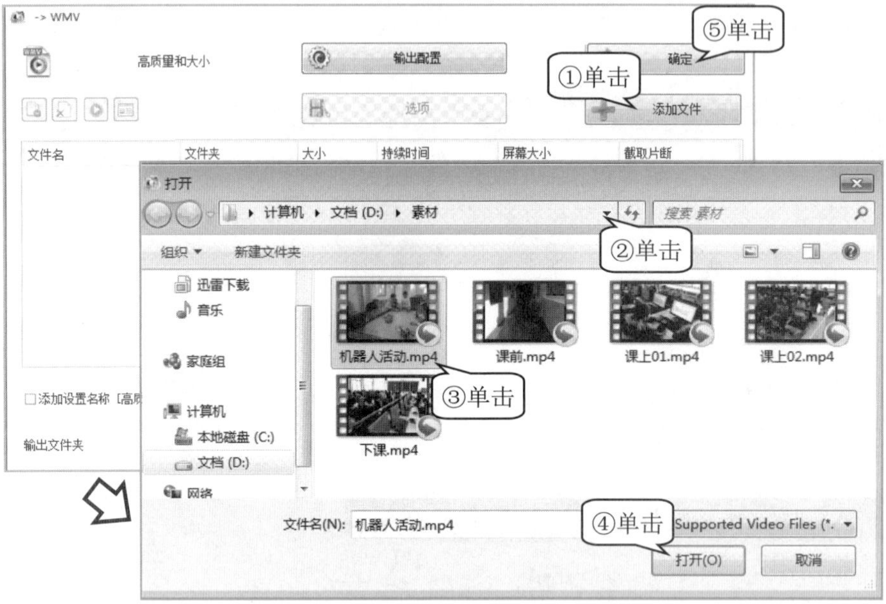

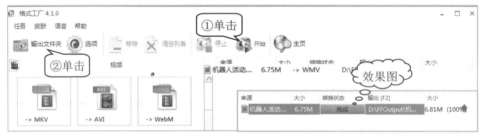

图3-67 添加视频

图3-68 完成转换

2. 常用视频编辑软件

目前比较常用的非专业视频编辑软件包括 Windows 平台下的 Adobe Premiere、会声会影、Camtasia Studio 及视频编辑专家。

1) Adobe Premiere

该软件是常用视频编辑软件之一,由 Adobe 公司推出,广泛应用于广告制作和电视节目制作。Premiere 提供了易于操作的界面和丰富的音视频编辑功能,可以很方便地管理、编辑和处理素材,添加丰富的过渡效果,并具有广泛的格式支持。Adobe Premiere 软件界面,如图 3-69 所示。

2) 会声会影

该软件操作简单,适合家庭日常使用,虽然无法与专业视频处理软件媲美,但以简单易用、功能丰富等特点赢得了良好的口碑,在国内的普及度较高。"会声会影"软件界面,如图 3-70 所示。

图3-69　Adobe Premiere软件界面

图3-70　"会声会影"软件界面

3) Camtasia Studio

该软件是一款专门捕捉屏幕影音的工具软件，它能在任何颜色模式下轻松地记录屏幕动作，包括影像、音效、鼠标移动的轨迹、解说声音等，可对视频片段进行剪接、添加转场效果操作，特别适合录制屏幕，制作微课。Camtasia Studio 软件界面，如图 3-71 所示。

4) 视频编辑专家

视频编辑专家是一款集 MPEG 视频合并专家、视频分割专家、视频截取专家等多功能为一体的专业视频编辑软件，其不但可以根据需求将某一个视频片段进行单独截取并保存，还可以将相同或不相同的视频格式文件进行合并，以及添加音乐或字幕等，是视频爱好者的必备工具。视频编辑专家软件界面，如图 3-72 所示。

图3-71 Camtasia Studio软件界面

图3-72 视频编辑专家软件界面

3.3 小结和习题

3.3.1 本章小结

本章介绍了微课制作所需要的软硬件环境和微课课件素材的获取与制作方法,具体包括以下主要内容。

- **制作微课软硬件环境**：分别从微课制作的硬件环境和相关软件两方面进行了介绍。硬件环境包括获取文本、图像、声音、视频等素材所涉及的硬件；相关软件包括处理文本、图像、声音、视频及常用工具软件。
- **制作微课的素材准备**：通过大量实例分别介绍了文本、图像、声音、视频等素材的获取与处理方法。

3.3.2 强化练习

一、选择题

1. 下列扩展名中，音频处理软件处理不了的格式是(　　)。
   A. WAV　　　　　B. MID　　　　　C. DOC　　　　　D. MP3
2. 对于正在制作和以后需要继续编辑的图像，要将其保存的格式为(　　)。
   A. GIF　　　　　B. BMP　　　　　C. PSD　　　　　D. JPEG
3. 如果要对一篇课文进行录音，但外界环境嘈杂，下列中可进行降噪处理的软件是(　　)。
   A. Photoshop　　B. Flash　　　　C. Cool Edit　　D. Word
4. 下列能对文件进行压缩的软件是(　　)。
   A. Photoshop　　B. Word　　　　 C. GoldWave　　 D. Winzip
5. 当利用 Photoshop 选取图像中的一部分时，可以用到的工具是(　　)。
   A. 缩放工具　　　B. 裁剪工具　　　C. 移动工具　　　D. 画笔工具
6. 某教师在准备微课资源时，当利用 Photoshop 选取图像中的颜色相同或相近区域时，需要用到的工具是(　　)。
   A. 魔棒工具　　　B. 磁性套索工具　C. 裁切工具　　　D. 画笔工具

二、判断题

1. 正在播放的网络视频画面，只有暂停后才能保存画面。　　　　　　　　　(　　)
2. "光影魔术手"软件在浏览图像时，不能对图像进行任何操作。　　　　　(　　)
3. 使用 Photoshop 软件可以对图像进行透视剪切，修复照片梯形缺陷。　　(　　)
4. 一段音频文件，通过消除噪声音频文件处理，文件将变小。　　　　　　(　　)
5. 使用网络搜索时，每次只能使用一个关键词。　　　　　　　　　　　　(　　)

三、问答题

1. 获取课件中所需的声音素材有多种途径，请列举其中 3 种。
2. 简要说一说在 Photoshop 中删除图像背景，保留主体图案的方法。

第4章　用PowerPoint课件生成微课

微课课件是指在微课教学过程中所用到的多媒体教学课件，通常只围绕一个小的知识点进行设计、制作。整个微课课件只为解决一个核心问题，没有过多的铺垫和渲染，使得重点突出、短小精悍，非常有利于移动学习和泛在学习。使用微课课件生成的微课视频，不但能增加学习者对课堂的吸引力，还能提升课堂教学效果。

本章通过具体实例介绍使用 PowerPoint 软件制作课件，并生成微课视频的基础知识和操作方法，包括微课课件的设计、美化；微课课件的动画、交互设置；微课课件的旁白录制、放映；微课视频的导出及编辑等。希望读者能够举一反三，制作出精美实用的微课课件和微课视频。

■ 本章内容
- 制作课件内容
- 美化课件页面
- 设置课件动画
- 控制课件交互
- 生成课件视频

4.1 制作课件内容

制作微课课件，通常要根据微课知识点和在掌握学情的基础上先规划，后制作。微课课件规划包括选择微课主题、确定主题结构、规划课件内容、准备微课素材、制作微课课件等。制作微课课件就是将文字、图片、声音、视频等多媒体素材进行整合、加工，从而形成微课课件作品，为录制微课视频做好准备。

4.1.1 规划课件内容

微课课件的制作复杂而细致，一个好的微课课件不仅要外观漂亮，还要主题明确、条理清晰。一般情况下，制作微课课件要先确定主题与结构，然后规划版面设计，再用相关软件制作课件内容。

1. 确定微课主题

微课课件内容需以微课教学内容为主题，围绕教学目标、教学对象设定，并且微课要讲的内容、内容的核心、素材的组织都应围绕微课主题展开，微课内容设计也需要详略得当，篇幅不能太长，同时又要有利于教师将教学问题讲透、讲充分。如图4-1所示，微课课件"水染花纹纸"选择的是趣味美工活动，主题是"水染花纹纸"。

图4-1 确定微课主题

2. 确定微课框架

微课课件确定好主题之后，还要考虑采用什么结构才能使形式和内容完美结合。一个好的微课课件，应该围绕主题，统一风格，以保持整个微课课件的风格一致。微课课件一般应趋于"简明"风格，如尽量多的图文结合、使用简单的背景图片等，如此才能把握住整个微课课件的基本结构和框架。如图4-2所示，围绕"水染花纹纸"主题，先采用黄色卡通背景图片统一微课课件风格，再分别从"材料准备、制作步骤和方法、作品欣赏"几方面进行介绍，在做课件时也可按照这种逻辑结构来搭建课件的框架。

图4-2　确定微课框架

在教学中，比较常见的微课课件结构是"总—分—总"三段式。
- 总：即导入，提出教学问题，明确教学内容，包括微课的封面、导入、目录、目标页等。
- 分：即内容讲授，分析问题，采用教学手段解决问题。
- 总：即结论，总结归纳问题，包括小结、结束页等。

3. 确定课件内容

微课课件的主题、结构确定后，就可以搜集素材，为微课课件添加内容。一个完整的微课课件，包括以下几方面的内容。
- 封面页：封面页是第一眼印象，很重要，所以一定要美观、大方，可吸引学习者的注意力。一般封面上要有课件的标题、制作人姓名、制作人单位、制作日期等，如图4-3所示。
- 目录页：微课课件使用目录，可以使课件的结构更加清晰，帮助学习者全面了解微课的内容，如图4-4所示。

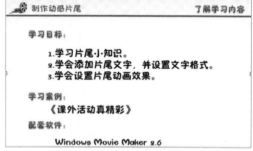

图4-3　封面页　　　　　　　　　　图4-4　目录页

- 过渡页：也称转场页，起到分隔作用，一般根据目录来制作，放在不同章节的内容之间，用来着重显示即将介绍的内容，如图4-5所示。
- 内容页：内容页是课件中最主要的部分，占据了课件绝大多数篇幅，可以是文字，也可以是图片、表格、视频等素材的组合与设计，每张页面布局都要简洁明了，逻辑层次分明，主题明确，减少不必要的、与主题无关的信息，避免分散学习者的注意力，如图4-6所示。

图4-5　过渡页

图4-6　内容页

- 总结页：总结页可以是对整个微课课件的内容进行归纳、梳理和总结，也可以是对教学重点、难点的再次重申，帮助学习者厘清所学知识间的层次结构，如图4-7所示。
- 结束页：结束页一般包括致谢词、联系方式等，如图4-8所示。

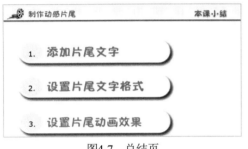

图4-7　总结页

图4-8　结束页

4. 准备课件素材

微课内容确定以后，就可以围绕内容搜集、准备素材，微课课件的素材有文字、图像、声音、视频、动画等类型。各类素材搜集的常用方法有：网上搜索、下载；借助不同软件从现有素材中截取；使用录音笔、数码照相机、平板电脑、智能手机等录音、录像设备拍摄、录制；根据需要准备的素材使用不同软件进行设计、制作形成素材等。对于搜集来的素材，如果不能直接使用，还需要利用相关软件对各类素材进行二次加工和处理。为了便于使用，可将素材分别放在不同的文件夹中。

5. 选择制作软件

课件的制作软件有很多，如 PowerPoint、Focusky、希沃白板等。其中 PowerPoint 操作简单、易学，并且内置了丰富的多媒体处理功能和动画、交互效果，能较好地满足一般教学要求，因此，本章选择使用 PowerPoint 软件来介绍制作微课课件的方法。

4.1.2　添加文字图片

在制作课件时，最常用的操作就是输入文字和插入图片。本节内容将分别介绍添加文字、编辑文字的方法，以及图片的插入与设置方法。

实例1　粉印版画的制作方法

本例是人美版小学五年级《美术》课件"粉印版画的制作方法"的封面，通过本实例主要介绍制作课件封面的方法，如图4-9所示，课件封面由教材版本信息、课件标题、制作人姓名插图等几部分组成。

图4-9　课件封面效果图

在制作时，可利用 PowerPoint 提供的主题，统一课件的整体背景。本例的主要任务是在幻灯片中添加文字内容，对文字进行字体格式的设置，再插入图片，设置图片的叠放次序，对封面进行美化装饰。

■ 添加文字

课件封面上的文字主要有教材的版本信息，以及微课的标题、授课人、授课时间等信息，这些都可以通过 PowerPoint 软件中的文本框来输入。

01 设置幻灯片大小　运行 PowerPoint 软件，选择"设计"选项，按图4-10所示操作，设置幻灯片大小为"宽屏(16∶9)"。

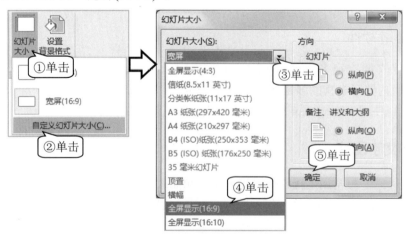

图4-10　设置幻灯片大小

02 **选择幻灯片主题** 按图 4-11 所示操作,选择幻灯片的主题为 "基础"。

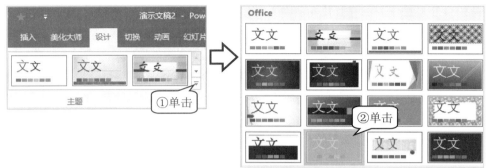

图4-11　选择幻灯片主题

03 **输入标题** 输入课件封面的标题 "粉印版画的制作方法"。
04 **设置字体字号** 选中标题文字,按图 4-12 所示操作,设置标题的字体、字号为 "方正大黑简体、60"。

图4-12　设置字体字号

05 **设置文字格式** 按图 4-13 所示操作,设置标题文字的艺术字样式为 "填充-白色,轮廓-着色 2,清晰阴影-着色 2"。

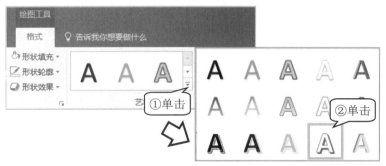

图4-13　设置文字格式

 制作微课课件时,对标题或重点内容需要突出显示,可以对其设置字体、字号、字形、颜色等,也可以使用艺术字形式制作。

06 **设置其他文字格式** 按同样的方法输入 "授课人: 方舟",并设置文字的字体格式为 "幼圆、24、黑色、加粗"。

 标题文字不宜过多,字体的设置要符合主题,字号的设置不能太大,也不宜过小,设置文字颜色时,要与底色有一定的反差,保持清晰、美观。

07 插入文本框　选择"插入"选项,按图4-14所示操作,在文本框中输入文字"义务教育教科书 人美版 第七册第16课"。

图4-14　插入文本框

 如果要去掉不需要的文字,可以按 Backspace 键删除光标前面的文字;对于不需要的文本框,则可以单击选中文本框,按 Delete 键删除。

08 设置版本信息文字格式　按图4-15所示操作,设置版本信息的字体格式为"微软雅黑、20、白色、加粗、阴影",并拖动调整至合适位置。

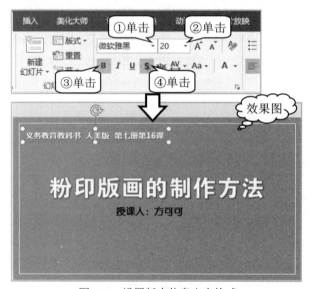

图4-15　设置版本信息文字格式

■ 插入图片

在微课课件封面中插入图片,可以使得封面更加生动形象,更具有吸引力。图片的基本操作包括调整图片的大小和位置、裁剪、旋转等。

01 插入图片　选择"插入"选项,按图4-16所示操作,插入图片"亲密家人.png",并调整图片大小和位置。

02 设置图片叠放次序　按图4-17所示操作,设置图片的叠放次序为"置于底层"。

图4-16 插入图片

图4-17 设置图片叠放次序

03 保存文件 选择"文件"→"保存"命令，以"粉印版画的制作方法.pptx"为名，保存文件。

知识库

1. 调整文本框

对插入的文本框，可调整其大小、位置、角度等。如图4-18所示，拖动文本框4条边上的4个圆形控制点，可调整文本框的宽度和高度；拖动四角的4个圆形控制点，可同时调整宽度和高度；拖动文本框上方的旋转控制点，可旋转文本框；如果要移动文本框，可将鼠标指针移到文本框的边框上，当鼠标指针变成形状时，拖动文本框即可移动。

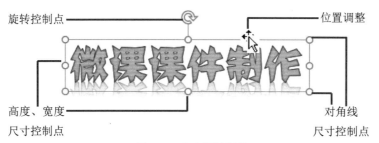

图4-18 文本框的调整

2. 选择应用主题

选择幻灯片主题时，在"设计"选项卡的功能区单击某个主题样式后，即可将该主题应用于课件中的所有幻灯片。有时，若只想将主题样式应用于某张或某几张幻灯片，可先选中幻灯片，再按图 4-19 所示操作，将主题应用于选定的幻灯片。

图4-19　选择应用主题

3. 设置字体其他颜色

在幻灯片中设置字体颜色，如果没有合适的颜色，可以单击"颜色"右侧按钮，按图 4-20 所示操作，在"颜色"下拉列表中选择"其他颜色"命令，打开"颜色"对话框，根据需要设置字体颜色。

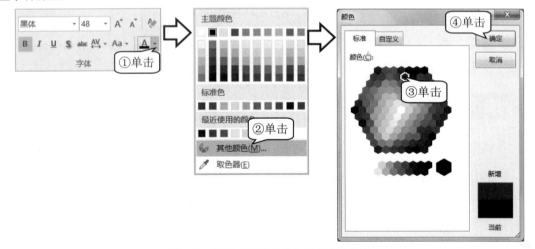

图4-20　使用"其他颜色"设置字体颜色

4. 调整文字行距

为了美观和浏览清晰，常需要调整艺术字或文本框中文字的行距，可先选中需要调整的文字，按图 4-21 所示操作，调整文字行距。

图4-21　调整文字行距

5. 修饰图片样式

插入外部图片后，双击图片，切换到"格式"选项卡，利用"图片样式"功能，可方便快速地修饰图片。如图 4-22 所示，可以利用"图片样式"按钮为同一张图片设置不同的修饰效果，也可以利用"图片边框"按钮为图片添加边框，还可以利用"图片效果"按钮为图片设置阴影、三维旋转等效果。

图4-22　"图片样式"按钮修饰效果图

4.1.3　添加声音素材

制作微课课件时，除了可以使用静态文字、艺术字、图形和图像、表格和图表、常用公式和特殊符号等对象，还可以添加声音，让课件有声有色，以丰富教学内容的呈现形式，让微课课件从沉闷变得活跃，给学习者带来听觉享受，吸引学习者的注意力，调节课堂的学习气氛，进一步提升课件的表现力。

实例2　古诗词三首

本例是人教版五年级上册《语文》课件"古诗词三首"中的第 14 张幻灯片"课文朗读"，通过本实例主要介绍添加声音素材的方法和技巧。制作此幻灯片，先要找到声音文件的存储位置，通过"插入"菜单将声音素材文件插入幻灯片中，然后调整声音文件图标至合适位置，完成制作。

■ 插入音频

课件中插入的声音可以用于呈现教学内容，也可以用来营造氛围，其主要来源是现有的音频文件。

01 插入音频文件　运行 PowerPoint 软件，打开课件"古诗词三首(初).pptx"，切换至第 14 张幻灯片，选择"插入"选项，按图 4-23 所示操作，插入声音文件"《长相思》课文朗读.mp3"。

图4-23　插入音频文件

 制作课件时，可以先将所需音频、视频和动画文件复制到课件所在的文件夹，然后再插入幻灯片，避免放映课件时，由于找不到素材路径而不能播放的问题。

02 调整图标位置　按图 4-24 所示操作，将插入声音文件的图标拖至古诗标题的右侧。

图4-24　调整图标位置

03 设置音频选项　选择"播放"选项，按图 4-25 所示操作，设置音频属性为"循环播放，直到停止"。

图4-25　设置音频选项

 将"开始"设置为"自动",幻灯片在放映时,声音会自动播放,从而轻松实现声音的自动播放。

■ **编辑音频**

在课件中插入的音频,其内容往往过长,可通过裁剪声音长度、调整音量高低、设置淡入淡出效果等,来取得适合该幻灯片的主题内容。

01 剪裁音频　选择"声音"图标,按图4-26所示操作,在25秒处剪裁声音,去除25秒以后的部分。

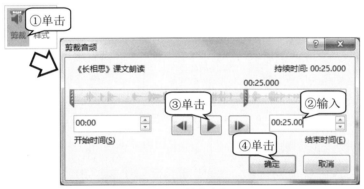

图4-26　剪裁音频

02 调整音量　单击打开"播放"选项,按图4-27所示操作,设置声音的音量为"高"。

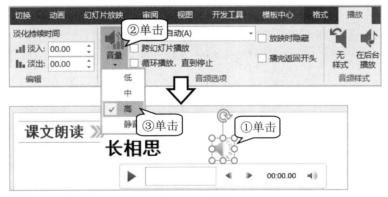

图4-27　调整音量

03 设置淡入淡出效果　单击打开"播放"选项,按图4-28所示操作,设置声音淡化持续时间为"淡入:03.00""淡出:05.00"。

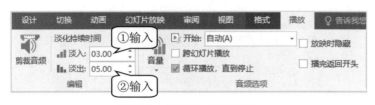

图4-28　设置淡入淡出效果

04 试听编辑效果　放映当前幻灯片，试听音频编辑后的效果。
05 保存课件　以"古诗词三首(终).pptx"为名，保存课件。

1. 隐藏声音图标

在幻灯片中插入声音后，出现声音图标，如果不希望图标在幻灯片放映时出现，可以将声音图标移至幻灯片之外，也可以按图4-29所示操作，选择 放映时隐藏 选项，避免幻灯片在放映时看到声音图标。

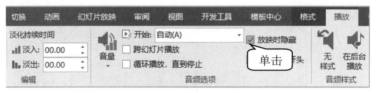

图4-29　隐藏声音图标

2. 录制音频

在制作微课课件时，如果没有需要的声音素材，可以使用"录制音频"命令将当前幻灯片的内容直接录制成声音旁白，可按图4-30所示操作。录制时，为提高录音质量，应事先调整好麦克风的音量，然后在PowerPoint软件的"插入"选项卡中，选择"音频"→"录制音频"命令来进行录制，录制后的声音会直接插入当前幻灯片中。

图4-30　录制音频

3. 内录声音

如果没有音乐的任何有效信息，则从网络上获取音乐文件的可能性不大，而外录音乐的噪声太大，效果差，因此可采用内录音乐的方式，将音乐播放一遍，再用Windows自带的"录音机"软件录制声音，将录制声音保存后，再重新插入课件中，即可解决问题。

- **打开录音设备**　右击任务栏托盘区"音量控制"图标，打开"录音设备"对话框。
- **显示禁用设备**　按图4-31所示操作，在空白处右击，选择"显示禁用的设备"选项，此时会显示"立体声混音"设备。

图4-31　显示禁用设备

- **启用混音设备**　按图4-32所示操作，启用立体声混音，单击 确定 按钮完成设置。

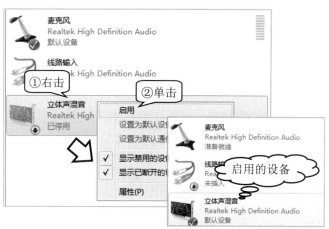

图4-32　启用混音设备

- **录制音乐**　运行"录音机"软件，播放要内录的音乐文件，按图4-33所示操作，录制结束后，单击"停止录制"按钮，保存文件。

图4-33　录制音乐

4.1.4 添加视频素材

在微课课件中合理添加各种视频素材，可以更直接、更生动形象地展示课件的内容，通过添加视频，不但可以再现情境，帮助学习者多维度地理解知识及其应用，还能让课件增色很多，大大提高其观赏性。

实例 3　秦始皇建立中央集权的措施

本例是人教版七年级上册《历史》课件"秦始皇建立中央集权的措施"中的内容，通过本实例主要介绍为微课课件添加视频素材，使微课内容更丰富。添加视频素材分为两步：第一步是查找视频的存储位置，插入"中华上下五千年秦始皇.flv"视频文件；第二步是对视频窗口大小、位置等进行设置，通过设置视频选项控制视频的播放。

■ 插入视频

除了可以插入声音文件，还可以在幻灯片中插入视频文件，PowerPoint 支持多种格式的视频文件，如 AVI、MPEG、WMV、MP4 等。

01 打开文件　运行 PowerPoint 软件，打开"秦始皇建立中央集权的措施(初).pptx"课件，选择第 2 张幻灯片。

02 插入视频文件　选择"插入"选项，按图 4-34 所示操作，插入视频文件"中华上下五千年(秦始皇).flv"。

图4-34　插入视频文件

03 调整视频大小和位置　按图 4-35 所示操作，拖动视频边框控制点，调整视频窗口大小，拖动并旋转到合适位置。

04 添加播放按钮　选择"插入"→"图片"命令，插入图片"播放.png"，并调整至视频文件下方。

图4-35 调整视频大小和位置

■ **编辑和控制视频播放**

添加视频后,可以根据需要对影片进行剪辑,同时为了更好地控制和操作微课课件中的影片,还可以设置影片播放的控制按钮。

01 剪裁视频 选中视频,单击"播放"选项,选择"编辑"组中的"裁剪视频"按钮,按图4-36所示操作,设置开始时间为"00:55",结束时间为"02:55.000",将视频裁剪为"2分钟"。

图4-36 剪裁视频

02 设置视频选项 按图4-37所示操作,在"视频选项"组中设置音量为"中""播完返回开头"。

图4-37 设置视频选项

03 设置触发器播放 单击"动画"选项,选择"高级动画"组中的"触发"命令,按图4-38所示操作,设置触发器的"播放"按钮。

图4-38 设置触发器播放

04 保存课件 以"秦始皇建立中央集权的措施(终).pptx"为名,保存课件。

知识库

1. 设置视频的静态画面

视频的静态画面是在幻灯片中插入视频后,视频中显示出的第一个场景。如果静态画面显示效果不好,可以进行更改,可在播放的视频中寻找自己想要的画面,然后选择"格式"→"标牌框架"命令,按图4-39所示操作,即可让视频的静态画面停留在自己选中的画面。

图4-39 设置视频的静态画面

2. 添加视频封面

幻灯片中插入的视频，如果没有视频封面或想重新增加封面，可以单击选中视频播放窗口，然后选择"格式"→"标牌框架"命令，按图4-40所示操作，选择图片并添加为视频封面。

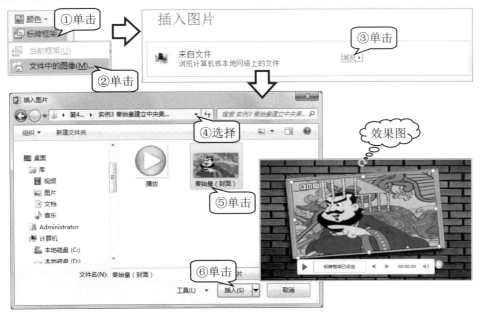

图4-40　添加视频封面

3. 用Windows Media Player播放视频

制作课件时，插入 Windows Media Player 控件播放视频，是将视频文件作为控件插入幻灯片中，然后通过修改控件属性，达到播放视频的目的。使用这种方法，有多种可供选择的操作按钮，播放进程可以完全自己控制，更加方便、灵活。

- 显示"开发工具"选项　右击"开始"选项，按图4-41所示操作，显示"开发工具"选项。

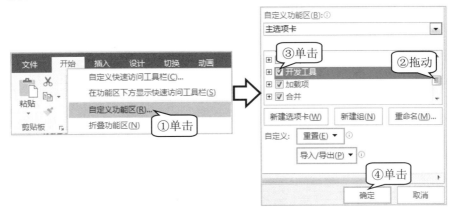

图4-41　显示"开发工具"选项

- **指定控件显示区域** 单击"开发工具"选项,按图4-42所示操作,绘制控件播放区域。

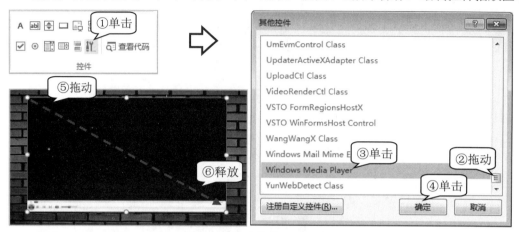

图4-42 指定控件显示区域

- **指定视频播放路径** 右击视频播放窗口,选择"属性表"命令,打开"属性"窗口,按图4-43所示操作,指定待播放的视频文件路径。

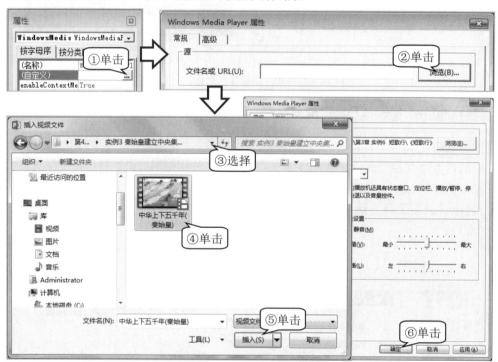

图4-43 指定视频播放路径

创新园

01 参照图4-44所示效果,在PowerPoint软件中,输入文字,插入图片,完成小学数学一年级上册第三单元第1课"1~5的认识"微课课件内容的制作。

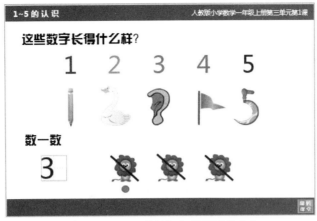

图4-44 "1~5的认识"微课课件内容

02 参照图 4-45 所示效果,打开"投掷标枪交叉步.pptx"文件,运用所提供的视频素材,完成小学体育与健康微课课件内容制作。

图4-45 "投掷标枪交叉步"微课课件内容

4.2 美化课件页面

制作微课课件不难,但要让微课课件变得精美,对初学者来说,并非一日之功,需要一个循序渐进、长期积累的过程。在平时的工作学习过程中,要善于整理和搜集素材,多浏览一些优秀的微课课件作品,学习页面设计与布局的知识,或者利用一些美化插件来进行美化。

4.2.1 设计课件版式

版式是软件提前规划好的幻灯片版面设计方案。微课课件的版式应在添加课件内容前初步确定,以免后期不满意造成大量的重复调整。在微课课件中合理设计版式和添加修饰元素,不仅可以增强微课课件整体效果,起到画龙点睛的作用，还可以加快制作进度。

实例4　苏州园林的写作手法

本例是人教版八年级上册《语文》课件"苏州园林的写作手法"中的内容，如图4-46所示，通过本实例介绍设计课件版式的方法和思路。

图4-46　幻灯片"苏州园林"效果图

微课课件的美化采用先整体后局部的原则。制作此幻灯片，应先通过页面设置调整页面的大小，再设计幻灯片的版面，思考内容如何安放，然后选择版式，使整个课件形成统一的风格，在此基础上再对每张幻灯片中的文字、图片等元素进行布局、调整。

跟我学

■ 设置页面背景

制作课件之前，应先进行页面设置，通过页面设置可以设计出横版、竖版、宽屏等效果。

01 打开文件　运行 PowerPoint 软件，打开课件"苏州园林的写作手法(初).pptx"。

02 设置幻灯片大小　选择"设计"选项，按图4-47所示操作，设置幻灯片大小为"宽屏(16∶9)"。

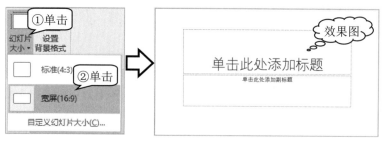

图4-47　设置幻灯片大小

03 设置图片填充　单击"设计"选项，按图4-48所示操作，设置图片"背景.png"作为当前幻灯片的填充背景。

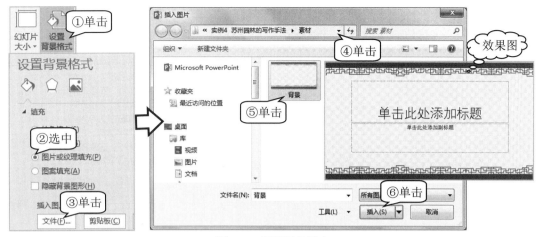

图4-48 设置图片填充

■ 应用幻灯片版式

PowerPoint 中提供了多种幻灯片版式，如"标题幻灯片""图片和标题"等，制作微课课件时，应根据需求选择合适的版式。

01 选择版式 右击幻灯片空白区，按图 4-49 所示操作，选择幻灯片版式为"图片与标题"。

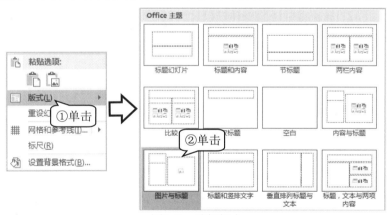

图4-49 选择版式

 如果不想使用现有的幻灯片版式，可以选择"空白"版式。选择"空白"版式后，幻灯片上的占位符会自动清除。

02 添加文字 按图 4-50 所示操作，在文本占位符中添加文字，并分别设置文字格式为"微软雅黑、36、加粗、红色""幼圆、16、加粗"，并调整文字至合适位置。

03 添加图片 按图 4-51 所示操作，在图片占位符中添加图片"园林 1.jpg"，并调整图片的大小和位置。

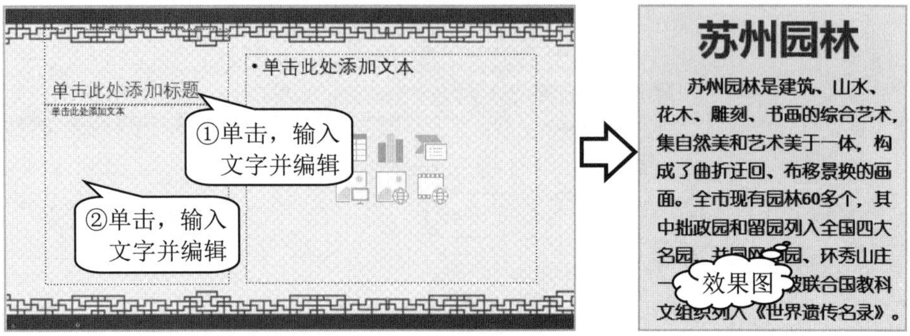

图4-50 添加文字

图4-51 添加图片

04 插入修饰图片 单击"插入"选项,在"图像"组中单击"图片"按钮,依次插入图片"兰花草.png"和"石头.png",并调整大小和位置,效果如图 4-52 所示。

图4-52 插入修饰图片

05 保存文件 以"苏州园林的写作手法(终).pptx"为名,保存课件。

4.2.2 统一课件风格

课件的风格包括页面的版式、色调、字体样式等，统一微课课件风格可以让课件更精美，可读性更强。在制作微课课件前，通常会根据微课主题梳理知识点，统一图片风格，调整文字字体、字号大小等，在此基础上进行制作，不仅可以达到快速美化微课课件的效果，还实现了课件内容与美的形式的统一。

| 实例5　重力的方向

本例是人教版八年级下册《物理》微课课件"重力的方向"内容，如图4-53所示，通过本实例介绍统一微课课件风格的方法。

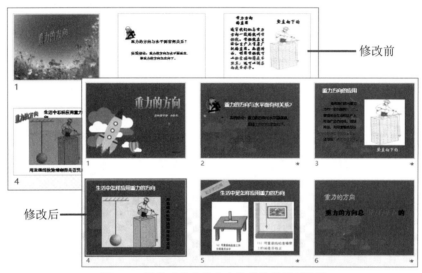

图4-53　课件"重力的方向"美化效果对比图

在微课课件制作过程中，下载并安装"PPT美化大师"软件，使用软件中提供的模板，可以快速统一课件风格。

■ 选择模板

虽然微课课件的内容很重要，但把课件做得美观可以让观众更有兴趣，更赏心悦目。制作时只要从"PPT美化大师"软件模板库中选择自己需要的模板即可。

01 打开文件　下载、安装"PPT美化大师"软件，运行PowerPoint软件，打开"重力的方向(初).pptx"课件。

02 打开模板库　选择"美化大师"选项，按图4-54所示操作，打开"PPT美化大师"软件的模板库。

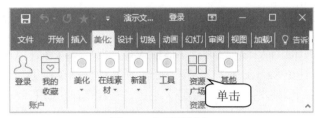

图4-54　打开模板库

03 查看模板　按图4-55所示操作，查找合适的模板，并放大浏览模板。

图4-55　查看模板

04 应用模板　按图4-56所示操作，将选择的模板应用到当前幻灯片中。

图4-56　应用模板

05 调整封面版式 切换到第 1 张幻灯片,选择"开始"选项,按图 4-57 所示操作,设置幻灯片版式为"标题幻灯片"。

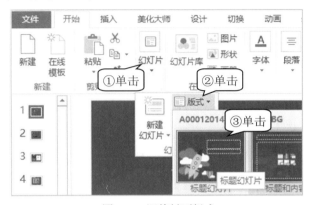

图4-57 调整封面版式

■ 统一文字

在微课课件中,文字表达要简洁、易读,文字显示要清晰。利用"PPT 美化大师"软件的字体替换功能,可以统一幻灯片的文字格式。

01 设置艺术字格式 选中标题文字,按图 4-58 所示操作,重新设置艺术字的格式,再设置标题文字的字体为"方正粗宋简体",适当调整大小和位置。

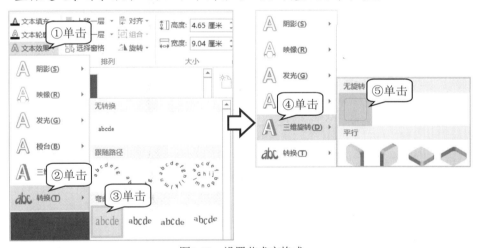

图4-58 设置艺术字格式

02 设置其他标题文字 切换到第 2 张幻灯片,按图 4-59 所示操作,设置第 2~8 页标题字体格式为"方正细珊瑚简体、36"。

03 设置其他正文字体的格式 按照上述同样的方法,设置第 2~8 页正文字体格式为"幼圆、26"。

04 调整文字颜色及位置 查看每页幻灯片的内容,对文字部分进行颜色、位置的调整,做到美观、简洁。

05 保存课件 以"重力的方向(终).pptx"为名,保存课件。

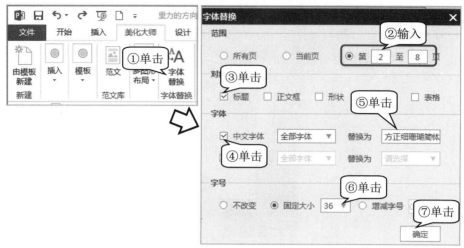

图4-59 设置其他标题文字

4.2.3 制作课件目录

为了增加微课播放的效果，可以在制作课件时，借助 SmartArt 工具制作课件目录，将图片和文字结合起来，不但能让学习者了解微课的知识框架，而且能让课件排版更专业，给人眼前一亮的感觉。在制作课件时，目录的标题一定要清晰，逻辑关系要明确。

实例6 显微镜的使用

本例是人教版七年级上册《生物》课件"显微镜的使用"中的目录内容，如图4-60所示，通过本实例介绍使用 SmartArt 图形快速制作微课课件目录的方法。

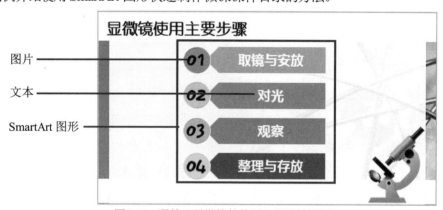

图4-60 课件"显微镜的使用"目录效果图

本例要制作的是为微课课件添加一个目录页，让观众对显微镜的使用有一个大致的了解。制作时，需要先选择知识结构图、插入序号、编辑文本，然后调整结构图大小和位置、设置结构图样式，完成制作。

■ 添加SmartArt图形

利用 SmartArt 图形制作微课课件目录，将图片和文字有机结合起来，可以让教学思路更加清晰，学习目标更加明确。

01 打开课件　打开课件"显微镜的使用(初).pptx"，切换至第 2 张幻灯片。

02 选择 SmartArt 图形　打开"插入"选项，在"插图"组中单击 SmartArt 按钮，按图 4-61 所示操作，插入 SmartArt 图形。

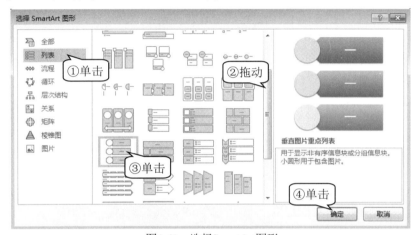

图4-61　选择SmartArt图形

03 插入图片　单击 SmartArt 图形，按图 4-62 所示操作，插入图片"数字 1.png"。

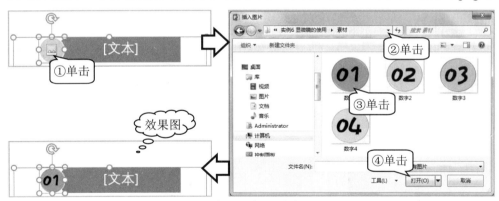

图4-62　插入图片

04 插入其他图片　按上述同样的方法，插入其他图片"数字 2.png""数字 3.png""数字 4.png"，效果如图 4-63 所示。

05 输入文本　单击 SmartArt 图形，在文本框中输入文字"取镜与安放"。按同样的方法，分别在其他文本框中输入文字"对光""观察""整理与存放"。

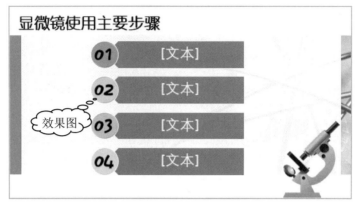

图4-63 插入其他图片

06 调整大小和位置　利用 Shift 键同时选中 4 个文本框,选择"格式"选项,按图 4-64 所示操作,在"大小"组中设置高度为"2 厘米"、宽度为"9 厘米",并调整至合适位置。

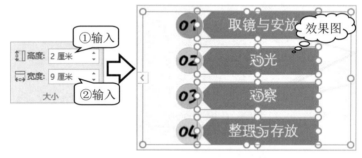

图4-64 调整大小和位置

07 选择三维样式　选中 SmartArt 图形,单击 SmartArt 工具下的"设计"选项,按图 4-65 所示操作,在"SmartArt 样式"组中,设置更改颜色为"彩色范围—个性色 4 至 5",设置三维样式为"优雅",设置字体为"微软雅黑、28 磅、加粗"。

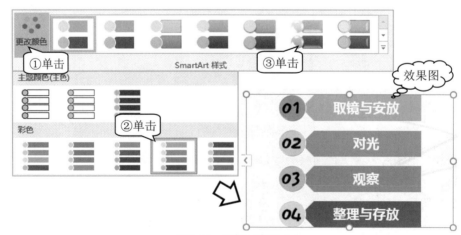

图4-65 选择三维样式

08 保存课件　以"显微镜的使用(终).pptx"为名，保存课件。

4.2.4　添加装饰元素

微课课件要想做得美轮美奂，提升视觉感观的效果，就需要添加一些装饰美化的图片和图形。在课件中添加相关装饰元素，可以轻松地完成幻灯片的美化。

实例7　熟悉而陌生的力

本例是人教版八年级下册《物理》微课课件"熟悉而陌生的力"中的内容，如图4-66所示，微课课件中知识点"力的相互作用"内容多以文字为主，长时间观看容易视觉疲劳，可以适当添加一些图片或图形，以提高幻灯片的吸引力。通过本实例介绍添加装饰元素的方法。

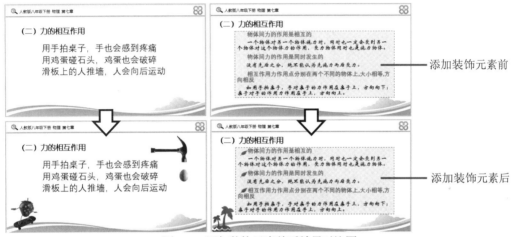

图4-66　添加装饰元素前后效果对比图

添加装饰元素，需先应用"PPT美化大师"软件中的美化功能添加装饰图片，再添加装饰图形，以得到理想的课件效果，让微课课件更加美观。

跟我学

■ 添加图片

"PPT美化大师"软件提供了添加图片的功能，可以添加本地计算机中的图片，也可以选择互联网上的图片素材。

01 打开课件　运行PowerPoint软件，打开"熟悉而陌生的力(初).pptx"课件，切换到第3张幻灯片。

02 打开图片素材　选择"美化大师"选项，按图4-67所示操作，打开"PPT美化大师"软件的图片素材库。

03 搜索和插入图片　按图4-68所示操作，在搜索框内输入关键词"鸡蛋"，在线搜索需要的图片素材，并插入幻灯片中，调整图片大小和位置。

图4-67　打开图片素材

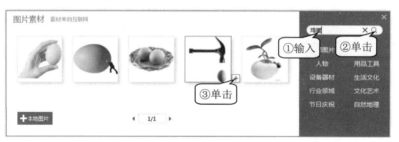

图4-68　搜索和插入图片

 在制作微课课件时，为取得更好的表达效果，添加的图像不仅要能表达主题，还要能起到美化版面的效果。

04 插入其他图片　按同样的方法，搜索"滑板"图片，并插入幻灯片中，调整大小和位置，效果如图4-69所示。

图4-69　插入其他图片

■ 添加形状

"PPT美化大师"软件为用户提供了很多不同类别的图形，可以直接选择，快速绘制，还可以进行各种编辑，以更好地突出幻灯片的主题。

01 打开形状库　单击PowerPoint课件右侧栏中的 图标，打开"PPT美化大师"软件形状素材库。

02 **分类查找形状** 按图 4-70 所示操作，打开植物分类图形，切换到第 5 页，选择"树叶"形状，并插入当前幻灯片中。

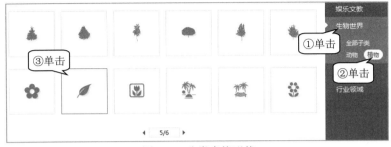

图4-70 分类查找形状

03 **设置形状格式** 选中形状，按图 4-71 所示操作，设置树叶形状的颜色为"绿色"，调整大小和位置，再复制 2 个树叶形状，并移至合适的位置。

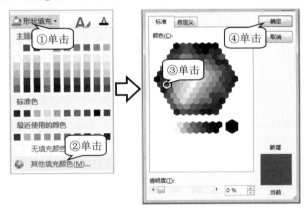

图4-71 设置形状格式

 为了方便对齐、定位，可以选中多个图片对象，选择"格式"选项卡中的"排列"→"对齐"命令进行对齐。

04 **插入其他形状** 按同样的方法，再插入一个形状，调整颜色、大小和位置，效果如图 4-72 所示。

图4-72 插入其他形状

05 **保存课件** 以"熟悉而陌生的力(终).pptx"为名，保存课件。

> **创新园**
>
> **01** 参照图 4-73 所示的效果，创建和美化文本框，插入和美化艺术字、图片，制作七年级《语文》上册"走一步，再走一步"微课课件的封面。
>
> **02** 参照图 4-74 所示的效果，插入文字、图片，运用"PPT 美化大师"目录素材，完成八年级《语文》上册"红星闪耀中国"微课课件内容的制作。

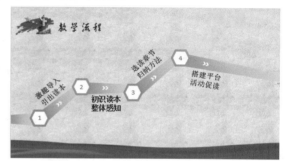

图4-73　"走一步，再走一步"微课课件封面　　　图4-74　"红星闪耀中国"微课课件内容

4.3　设置课件动画

在 PowerPoint 中，动画可分为两种类型：一种是在一张幻灯片播放过程中使用的动画，称为"片内动画"，通过"自定义动画"功能来实现；另一种是在一张幻灯片播放完，切换到另一张幻灯片时的动画，称为"片间动画"，利用"幻灯片切换"功能来实现。对幻灯片上的对象设置片内动画，既可以演示某些运动过程，也可以让学习者的注意力集中在要点上。对幻灯片设置片间动画，让其在切换时有一定的缓冲时间，衔接更加流畅，从而提升微课课件的呈现效果，让学习者在轻松愉悦的学习氛围中掌握知识。

4.3.1　添加片内动画

设置微课课件幻灯片内部各个对象的动画，可以将幻灯片中的文本、图片、形状、表格、SmartArt 图形等赋予进入、强调、退出、动作路径等动画效果，以吸引学生的注意力，突出教学重点和难点，增强教学效果。在 PowerPoint 中，自定义动画主要有进入、退出、强调和动作路径等动画类型。

实例 8　Shopping for Food

本例是小学《英语》微课课件"Shopping for Food"的内容，通过本实例主要介绍给幻灯片中的对象添加自定义动画的方法，课件效果如图 4-75 所示。

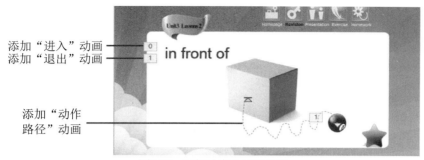

图4-75 添加片内动画效果图

本例主要学习如何添加自定义动画，包括添加"进入"动画、"退出"动画、"路径"动画，以及如何编辑自定义动画、调整动画的顺序等，让学生学会用英语表达物体之间的位置关系。

■ 设置进入动画

"进入"动画，就是在幻灯片放映时，文本或图片对象通过一种动画方式进入画面中，并最终显示在预定好的位置上。

01 打开课件 打开"Shopping for Food(初).pptx"课件，切换到第 2 张幻灯片。

02 添加"进入"动画 单击"动画"选项，选中文本框"in front of"，按图 4-76 所示操作，设置文本框的动画效果为"飞入"。

03 设置动画效果 按图 4-77 所示操作，设置动画的效果选项为"自左侧"，设置动画计时为"上一动画之后"。

图4-76 添加"进入"动画

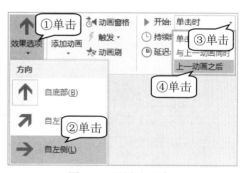

图4-77 设置动画效果

为对象添加不同的动画效果时，单击动画选项卡中的"效果选项"后出现的调整内容和选择命令是不一样的。

04 预览动画效果 选择"动画"选项，预览动画播放效果。

■ 设置退出动画

"退出"动画，是对象以指定的动画方式从当前幻灯片中消失的动画效果。"退出"动画有基本型、细微型、温和型和华丽型 4 种。

01 添加"退出"动画 单击文本框"in front of",按图 4-78 所示操作,为文本框添加"退出"动画中的"收缩并旋转"效果,设置动画计时为"上一动画之后"。

图4-78 添加"退出"动画

02 设置计时 单击"高级动画"组中的"动画窗格"按钮,打开"动画"窗格,按图 4-79 所示操作,修改退出动画的持续时间为"慢速(3 秒)"。

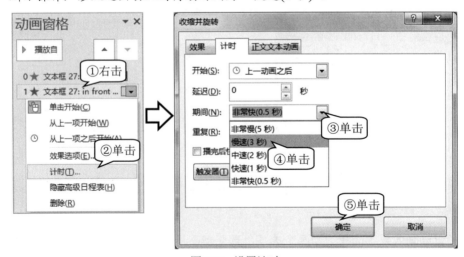

图4-79 设置计时

03 预览效果 设置好文本框动画效果之后,预览动画效果。

■ 设置动作路径动画

自定义动画可以为对象指定运动的路径，或者自定义路径，使得对象沿着指定的路径进行运动。

01 选择路径效果　选择"动画"选项，单击"红球"，按图 4-80 所示操作，选择"自定义路径"效果。

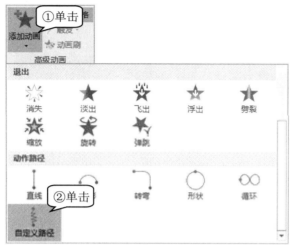

图4-80　选择路径效果

02 绘制动作路径　在幻灯片中按住鼠标左键，拖动绘制"红球"运动的路径，最后双击鼠标完成绘制。在预览动作效果后，会显示出动作的路径，效果如图 4-81 所示。

图4-81　绘制动作路径

■ 调整动画播放顺序

在同一张幻灯片中可以添加多个动画效果，在预览所有对象动画效果后，可根据需要在"动画窗格"中对动画的播放顺序进行调整，使动画效果设置更合理。

01 选中动画效果　在动画窗格中，选中第 2 个动画效果 1★ 文本框 27: in fr... □ ▼ 选项。

02 调整动画顺序　按图 4-82 所示操作，将第 1 个动画效果移到第 2 个动画效果的位置，按 Ctrl+S 键，保存设置好的动画效果的课件。

图4-82　调整动画顺序

"动画窗格"中调整对象动画播放顺序时，选中的对象动画标志呈粉红色底色。

03　保存课件　以"Shopping for Food(终).pptx"为名，保存课件。

知识库

1. 动画播放顺序

幻灯片上的对象设置动画之后，对象的左上方会出现 等标志，它们为自定义动画的播放顺序号，表示对象的动画在放映时第1个出现，表示对象的动画在放映时第2个出现，以此类推。

2. 修改或删除动画

通过预览或放映，如果发现对象的动画效果不理想，可以进行修改或删除。如果要修改，则在"动画窗格"中选中对象的动画，重新设置一个理想的动画效果；如果要删除，则选中对象，按图4-83所示操作，在"动画"选项组中删除动画，或者在"动画窗格"中选中对象的动画进行删除。

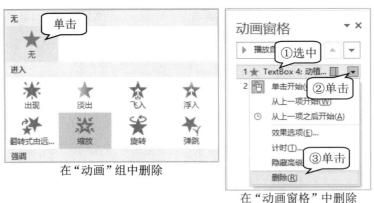

图4-83　删除动画

3. 批量设置自定义动画

如果先同时选中几个对象，再进行自定义动画的设置，可批量设置对象的自定义动画，设置后，这些对象的动画将同时播放。在 PowerPoint 中，有类似于"格式刷"功能的"动画刷"工具，其使用方法与"格式刷"相同，它能大大提高效率，节省时间。

4. 动画隐藏

幻灯片的对象设置了动画后，有时为让学生看到幻灯片的全部内容，在播放时，可隐藏所有动画效果。在"幻灯片放映"选项中，单击"设置放映方式"按钮，设置"放映时不加动画"即可。

5. 编辑动作路径

在如图 4-84 所示的弯弯曲曲路径中，根据课件需要，右击动作路径，可以编辑修改路径。拖动顶点，可以改变路径形状；平滑顶点，可以改变路径的平滑度；右击路径的某处位置可以添加一个顶点；右击不需要的顶点，可以删除。

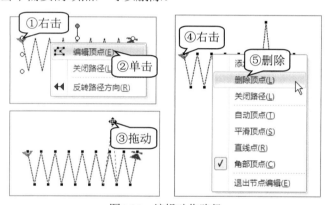

图4-84　编辑动作路径

4.3.2　设置片间动画

幻灯片的切换效果是指课件放映时从一张幻灯片切换到下一张幻灯片时所显示的动画效果，幻灯片的切换效果多种多样，有百叶窗式、立方体和旋转等切换效果。制作微课时，通过"切换"选项中的命令，可以设置幻灯片之间不同的切换效果和切换方式，进一步增强微课课件的观赏性。

实例9　爱莲说

本例是人教版七年级《语文》下册课件"爱莲说"中的内容，如图 4-85 所示，通过本实例主要介绍设置幻灯片切换效果的方法和技巧。

为实现课件翻页效果，本实例先为课件中的所有幻灯片设置"页面卷曲"切换效果，再单独为封面设置"剥离"切换效果，使整体风格既统一，又不乏味。

图4-85　课件"爱莲说"翻页效果图

■ 设置切换效果

默认情况下，幻灯片之间是没有动画效果的，可以通过"切换"选项卡中的"切换到此幻灯片"组中的各项命令添加切换效果。

01 打开课件　打开"爱莲说(初).pptx"课件，切换到第 3 张幻灯片。

02 设置切换效果　选择"切换"选项，按图 4-86 所示操作，设置幻灯片切换效果为"页面卷曲"，并应用于所有幻灯片。

图4-86　设置切换效果

 如果单击"计时"组中的"全部应用"按钮，则所有幻灯片具有当前幻灯片已设置的切换效果，与"动画刷"的功能相似。

03 设置封面切换效果　切换到第 1 张幻灯片，按同样的方法设置封面幻灯片的切换效果为"剥离"。

设置不同切换效果时要注意次序,先用"全部应用"功能设置好多数幻灯片的切换效果,然后再单独设置一些不同的幻灯片之间的切换效果。

■ 编辑切换效果

设置好幻灯片的切换效果后,还可以根据需要为所选的切换效果设置声音效果、切换的速度,以及幻灯片的切换方式。

01 设置切换声音 切换到第 3 张幻灯片,在"计时"组中,按图 4-87 所示操作,设置幻灯片切换的声音为"风铃"。

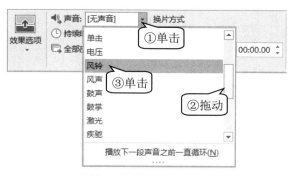

图4-87 设置切换声音

幻灯片切换时除可以选择系统自带的声音,还可以选择"其他声音"选项,添加来自文件的外部声音。

02 设置切换方式 按图 4-88 所示操作,设置自动换片方式为"单击鼠标时",设置自动换片时间为"00:03:00"。

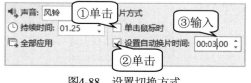

图4-88 设置切换方式

幻灯片切换方式中若同时选中"单击鼠标时"复选框和"设置自动换片时间"复选框,则表示满足这两个条件中任意一个,都可以切换到下一张幻灯片。

03 保存课件 预览效果,以"爱莲说(终).pptx"为名,保存课件。

1. 删除幻灯片切换效果

在普通视图的"幻灯片"选项或在浏览视图中,单击要删除其切换效果的幻灯片的缩略图,再在"切换"选项的"切换到此幻灯片"组中单击"无"按钮,即可删除该幻灯片的切换效果。

2. 制作自动演示课件

在制作课件时，可能会需要课件从头至尾自动演示，并且反复循环的效果，这种课件的制作要注意以下 3 个方面的设置。

- **设置计时**　对片内的每个自定义动画，为了使其能自动播放，需要在其"计时"选项中选择"上一动画之后"，并适当延时，如图4-89所示。这样每个自定义动画就能在前一动画之后自动播放，并稍作延时，以便能观看清楚。

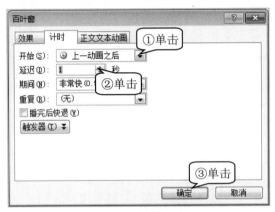

图4-89　设置计时

- **设置换片方式**　对于片间动画，要使其能自动换片，在"幻灯片切换"窗格的"换片方式"选项区，按图4-90所示操作，能使微课课件每隔10秒自动切换幻灯片。

图4-90　设置换片方式

- **设置放映方式**　选择"幻灯片放映"→"设置幻灯片放映"命令，弹出"设置放映方式"对话框，按图4-91所示操作，即可使播放结束后，再回到开头重复播放。

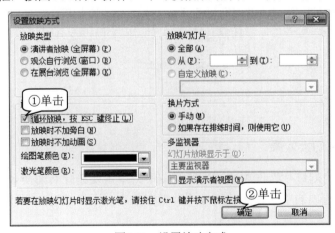

图4-91　设置放映方式

3. 设置切换时需注意的问题

在给课件设置切换效果或自定义动画时，切忌设置得太纷繁复杂、华而不实。动画的设置应结合课件所表现的教学内容，为教学服务，太花哨的动画效果和伴音有可能适得其反，反而分散学生的注意力，影响课件的使用效果。

01 打开微课课件"数学广角——搭配.pptx"，先放映完成页面的效果，再使用自定义动画功能，添加搭配方法的动画效果，并能够自动播放，效果如图4-92所示。

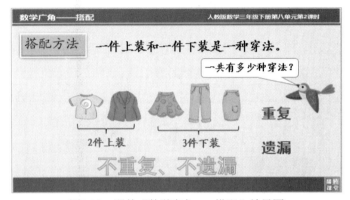

图4-92　课件"数学广角——搭配"效果图

02 打开微课课件"1~5的认识.pptx"，先放映完成页面的效果，再使用自定义动画功能，制作数字"5"的分成演示动画，效果如图4-93所示。

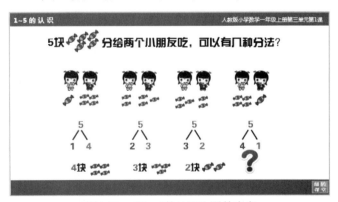

图4-93　"1~5的认识"课件内容

4.4　控制课件交互

在微课课件中添加多种对象，并进行编辑和美化，再为幻灯片添加精彩的片内和片间动画效果，即可放映观看，但是只能从头到尾按顺序播放。此时可以通过设置"超链接"或"动作"，按照课件内在逻辑来演示课件，从而达到更理想的教学效果。另外，利用自定义动画中触发器的功能还可以制作多种交互式效果，实现教学上的互动。

4.4.1 创建超链接

使用超链接时可以在演示课件中通过单击提前设定的对象，来指向特定位置或某个文件。它可以轻松实现幻灯片间的任意切换，也可以实现不同程序的跳转。设置超链接的对象可以是文本、图形或图片等，超链接的位置可以是本文档中的位置，也可以是外部的文件。

实例10　腊八粥

本例是部编版六年级下册《语文》课件"腊八粥"中的内容，如图4-94所示，通过本实例主要介绍为课件"学习目标"目录添加超链接的方法。

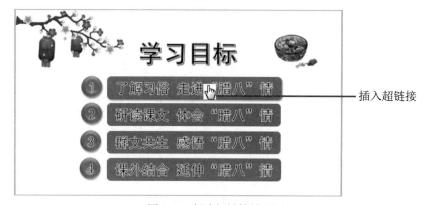

图4-94　创建超链接效果图

微课课件要能根据教学需求，灵活放映，本实例第3张幻灯片上为目录页，为目录标题添加超链接后，课件放映时即可跳转到相应的"学习目标"页面，并且通过"返回"按钮，能快速返回到目录。

■ **插入超链接**

为幻灯片中的文字、图片等设置超链接，可以实现课件的交互功能，单击文本框对象即可很快切换到目标页面，同时也可单击"返回"图片超链接，切换到目录页。

01 打开课件　打开课件"腊八粥(初).pptx"，切换到第3张幻灯片。

02 选择"超链接"命令　右击第1个文本框，选择"超链接"命令，对文本框执行链接操作。

选中需要设置超链接的对象后，在PowerPoint顶部的工具栏中选择"插入"选项卡，单击"链接"组中的"超链接"按钮打开"超链接"对话框。

03 设置超链接 在弹出的"插入超链接"对话框中,按图 4-95 所示操作,设置链接的目标幻灯片为"幻灯片 4"。

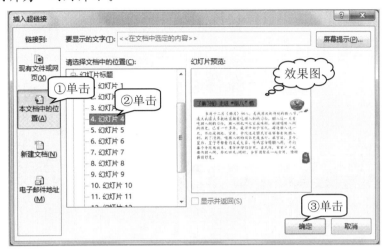

图4-95 设置超链接

 播放课件时,当鼠标指针移到一些设置了超链接的文字或图片上时,会变成 形状,单击则跳转到另一张幻灯片。

04 设置其他超链接 按同样的方法为其余 3 个目录标题设置超链接,分别链接到第 4、12、13 张幻灯片。

■ 设置超链接动作

用户可以根据需要设置超链接动作,并做一定的编辑,如添加播放链接声音、鼠标单击动作等。

01 设置动作 切换到第 4 张幻灯片,单击"插入"选项,按图 4-96 所示操作,为"返回"图片设置动作。

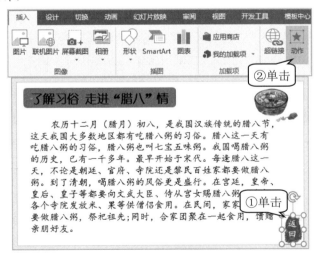

图4-96 设置动作

02 编辑动作链接 按图 4-97 所示操作,设置链接目标为"幻灯片 3"。

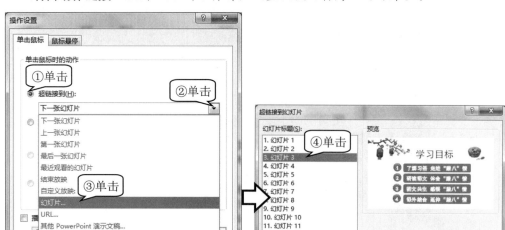

图4-97 编辑动作链接

03 设置其他动作链接 复制"返回"图片,粘贴到第 5～13 张幻灯片中,并调整到合适位置。

04 测试超链接 按 F5 键放映课件,测试超链接设置效果。

05 保存课件 预览效果,以"腊八粥(终).pptx"为名,保存课件。

 知识库

1. 为文本对象设置超链接

这里的文本对象指的是课件中使用的文本框和艺术字,为它们设置超链接时,应注意要选中整个文本对象,而不是部分选中。图 4-98(a)所示是选中整个文本对象的效果,图 4-98(b)所示是选中部分文本对象的效果,它们的区别是,前者的边框是实线,而后者是虚线。如果要选中整个文本对象,则需将鼠标指针指向对象的边框,当鼠标指针变成"十"字箭头时单击即可。

(a) 选中整个文本对象　　　(b) 选中部分文本对象

图4-98 文本对象的选择

如果不选择整个文本对象,设置超链接后,文本对象会变色,而且有下画线,影响课件的美观和整体配色设计,两者效果对比如图 4-99 所示。

(a) 选中整个对象设置超链接　　　　(b) 选中部分对象设置超链接

图4-99　文本对象的选择不同造成不同超链接效果的对比

2. 删除超链接

如果想将插入的超链接取消，可在选中插入的超链接对象后，选择"插入"→"超链接"命令，按图4-100所示操作，即可删除超链接。

图4-100　删除超链接

4.4.2　添加触发交互

在PowerPoint中还可以使用触发器实现微课课件的交互性，即通过单击一个对象触发另一个对象的功能。触发器可以是文本框、图形或图片等，触发的对象可以是声音、影片、动画等。触发器的使用极大地增强了演示者和观众的互动性。

实例11　平移练习

本例是沪科版七年级下册《数学》课件"平移练习"中的内容，如图4-101所示，通过本实例主要介绍添加触发交互的方法。

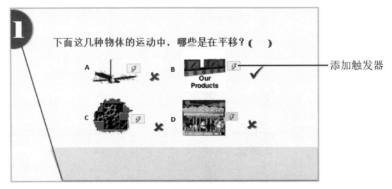

图4-101　添加触发交互效果图

本例的主要任务是添加触发交互效果，需先制作"判断文本框"，再对文本框设置触发器，以完成制作。

■ 制作触发交互

使用触发器可以制作简单的判断，在本例中即可用触发器来控制判断题中"对"与"错"文本框对象的播放。

01 打开课件 打开"平移练习(初).pptx"课件，切换到第2张幻灯片。

02 插入文本框 选择"插入"选项，在当前幻灯片中插入"横排文本框"。

03 插入符号 按图4-102所示操作，在文本框中插入"✓"符号，并调整至合适位置。

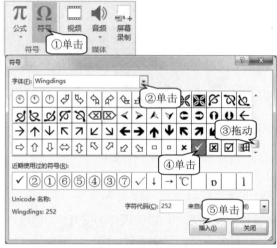

图4-102　插入符号

04 插入其他符号 按同样的方法，再插入一个文本框，输入"✗"符号。通过复制、粘贴共得到3个"✗"符号文本框，并调整至合适位置。

05 添加动画效果 依次设置4个文本框的自定义动画效果均为"飞入"，效果选项为"自右侧"，效果如图4-103所示。

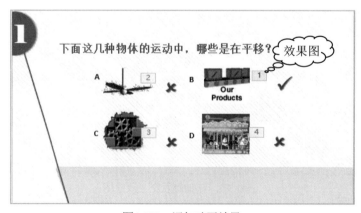

图4-103　添加动画效果

06 设置触发器 按图 4-104 所示操作，设置"✓"符号的触发器为选项 B 文本框。

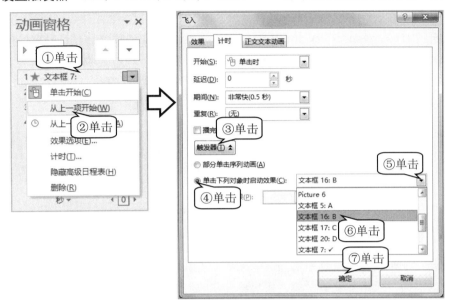

图4-104 设置触发器

07 设置其他触发器 用同样的方法，设置其他 3 个"✗"符号的触发器分别为选项 A、C、D 文本框。

08 测试触发器效果 触发器设置好后，放映幻灯片，预览并查看效果。

09 保存课件 以"平移练习(终).pptx"为名，保存课件。

知识库

1. 利用自选图形制作按钮

在利用按钮交互时，除了可使用 PowerPoint 提供的"动作按钮"功能，还可自选图形来模拟实现，不仅更加自由，设计的按钮也比默认的按钮更美观，如图 4-105(a)所示。

自选图形制作的按钮图片中的文字是先右击自选图形边框，再在快捷菜单中选择"添加文字"命令来完成的。制作好按钮后，利用"动作设置"或"超链接"功能来给按钮设置链接效果即可。

2. 利用按钮图片制作按钮

除前面介绍的方法，一些素材网站上也提供很多按钮图片，利用这些按钮图片也可以制作交互按钮，如图 4-105(b)所示。

(a) 自选图形按钮　　　　(b) 图片按钮

图4-105 按钮样式图

> **创新园**

01 打开"桂林山水.pptx"文件,如图 4-106 所示,切换到目录页,为文本框对象添加超链接,放映课件时,单击相应的文本框可以跳转到对应的页面。

图4-106 "桂林山水"微课课件目录

02 打开"苏州园林的写作手法.pptx"文件,先放映预览作品效果,切换到如图 4-107 所示的页面,使用触发器功能,实现课件放映时,单击按钮可以切换欣赏图片。

图4-107 "苏州园林的写作手法"课件页面

4.5 生成课件视频

微课课件制作完成后,最终还是要以幻灯片放映的方式来查看效果,并与学生互动。使用制作好的课件可以录制微课,也可以直接生成、导出微课视频。

4.5.1 放映微课课件

PowerPoint 中放映幻灯片有演讲者放映(全屏幕)、观众自行浏览(窗口)和在展台浏览(全屏幕)3 种方式,根据不同的需求,可以选择不同的放映类型,并对其进行相应的设置。

实例 12 诗词朗诵指导

本实例是初中《语文》微课课件"诗词朗诵指导"中的内容,如图 4-108 所示,通过本实例介绍放映微课课件的方法。

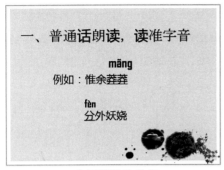
全屏幕放映效果

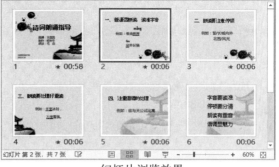
幻灯片浏览效果

图4-108　课件放映效果图

制作本实例，应先根据微课活动设置课件的放映方式，再依据放映的进度更改切换时间，反复预览放映效果，达到理想效果后，保存课件。

跟我学

■ 设置放映类型

制作好的课件应根据不同的需要，设置不同的放映方式，以达到更好的播放效果。

01 打开课件　打开PowerPoint课件"诗词朗诵指导(初).pptx"。

02 设置放映方式　选择"幻灯片放映"选项，按图 4-109 所示操作，设置微课课件的幻灯片放映方式。

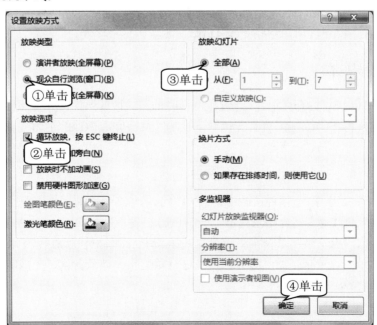

图4-109　设置放映方式

使用"观众自行浏览(窗口)"模式放映幻灯片时,单击幻灯片右下角的◙和◙按钮可对幻灯片进行切换。

■ **更改切换时间**

播放测试动画效果,如果不满意,可以通过更改切换时间获得最佳的动画效果。

01 播放课件 从当前幻灯片开始播放,测试放映效果太快。

02 更改切换时间 按图4-110所示操作,选中第2~5张幻灯片,在"计时"组中,设置切换方式为"设置自动换片时间:00:06.00"。

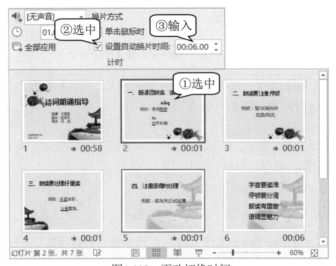

图4-110 更改切换时间

03 测试课件 按Shift+F5键,从当前幻灯片开始播放,观看放映效果比较理想。

04 保存课件 以"诗词朗诵指导(终).pptx"为名,保存课件。

4.5.2 录制微课旁白

使用 PowerPoint 软件打开课件,通过排练计时的方式播放课件,并按照微课脚本录制旁白,再将排练好的演示文稿导出视频,从而完成微课的主体视频部分。

▍**实例13** "的、地、得"的用法与区别(旁白)

本实例是人教版小学《语文》微课课件"'的、地、得'的用法与区别"中的内容,如图4-111所示,通过本实例介绍录制微课旁白的方法。

录制微课旁白,应先根据微课课件活动调试好课件,准备好讲解过程的旁白,设置好麦克风音量,再开始录制。录制好后,对旁白声音进行裁剪,并调节音量,完成制作。

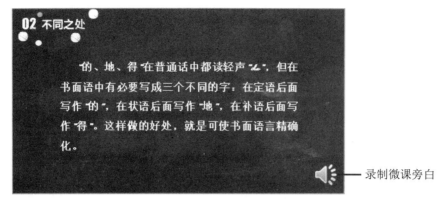

图4-111　录制微课旁白效果图

■ 录制旁白

微课课件调试好后,所有页面的切换和对象动画均使用鼠标单击出现,然后使用录制排练计时,同时录制旁白。

01　打开课件　运行 PowerPoint 软件,打开微课课件"'的、地、得'的用法与区别(初).pptx"课件。

02　调试课件　播放幻灯片,设置页面的切换效果及对象动画均为"单击鼠标时",反复调试课件。

03　准备旁白　撰写微课脚本,准备好讲解过程的旁白。

04　设置麦克风音量　右击任务栏中的"音量"图标,按图 4-112 所示操作,将麦克风音量调至适当大小。

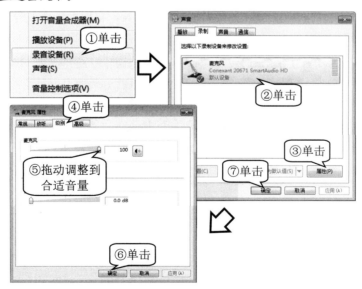

图4-112　设置麦克风音量

05 开始录制　选择"幻灯片放映"选项,按图 4-113 所示操作,开始录制旁白。

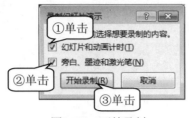

图4-113　开始录制

06 添加批注讲解　在播放微课课件过程中,按图 4-114 所示操作,边录制旁白,边添加批注讲解。

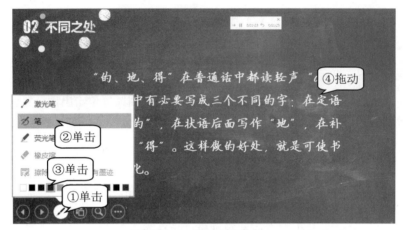

图4-114　添加批注讲解

■ **调节音量**

旁白录制好后,会在每张幻灯片上自动生成旁白声音,再根据需求对旁白声音进行裁剪,调节音量。

01 调节音量　选择第 2 张幻灯片,按图 4-115 所示操作,反复试听,调节旁白音量大小。

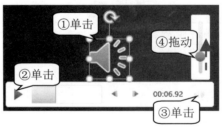

图4-115　调节音量

02 裁剪旁白音频　选择旁白声音,单击"播放"选项,按图 4-116 所示操作,裁剪音频,保留需要的音频部分。

03 保存课件　以"'的、地、得'的用法与区别(终).pptx"为名,保存课件。

图4-116　裁剪旁白音频

4.5.3　导出微课视频

制作完成的课件，会有不同的使用场合，可以根据微课制作需求将课件导出为图片文件或视频文件，创建完成后的视频不仅能方便展示和传播，还能精简其播放时长。

实例14　"的、地、得"的用法与区别(导出)

本实例是人教版小学《语文》微课课件"'的、地、得'的用法与区别"中的内容，如图 4-117 所示，通过本实例介绍导出微课视频的方法。

图4-117　导出微课视频效果图

导出微课课件时，应根据实际需求设置输出方式，可以保存为图片文件，也可以保存为视频文件。

■ **输出为图片文件**

PowerPoint 可以将课件中的幻灯片另存为图片文件，以供使用，如 gif、jpg、tif 等格式的图片都可以生成。

01 打开文件 打开"'的、地、得'的用法与区别(终).pptx"课件。

02 选择另存文件 选择"文件"→"另存为"命令，打开"另存为"对话框，选择图片要保存的位置，另存为".jpg"格式的图片文件。

03 保存幻灯片 按图4-118所示操作，完成所有幻灯片的保存。

图4-118　保存幻灯片

04 查看图片效果 打开图片所在的文件夹，查看图片，效果如图4-119所示。

图4-119　查看图片效果

■ 导出为视频文件

用户还可以将录制好语音旁白的微课课件，直接导出为视频文件，以便于观看。

01 创建视频 单击"文件"选项，按图4-120所示操作，为微课课件创建视频。

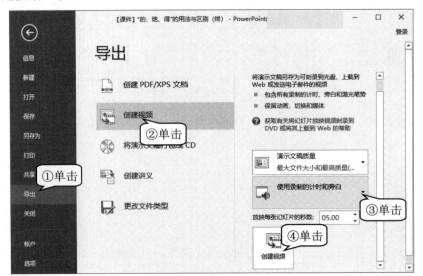

图4-120　创建视频

02 设置保存选项 选定视频的格式,将视频保存在指定文件夹中。

03 创建视频 创建课件 " '的、地、得' 的用法与区别(终).pptx" 微课视频,效果如图4-121所示。

图4-121 创建视频

 微课课件创建视频时,文件大小不同,创建的时间也不同,文件越大,时间越长。

4.5.4 编辑微课视频

使用PowerPoint生成的视频,能进行简单的音频裁剪,而无法裁剪视频,如果需要删掉一部分视频,或者裁剪多余的画面、添加微课片头等,则必须使用视频编辑软件。

实例15 声音的产生

本例是沪科版八年级《物理》微课课件"声音的产生"中的内容,如图4-122所示,使用PowerPoint软件生成的视频,两边有黑色边框,不美观,需要将黑色边框去除。

(a) 编辑前视频效果

(b) 编辑后视频效果

图4-122 微课视频编辑前后效果图

PowerPoint不具有视频编辑功能,创建的微课视频若有空白或多余内容,则需要使用专业视频编辑软件进行裁剪。本例选择"快剪辑"软件进行编辑,裁剪多余部分及剪切画面等。

跟我学

■ 编辑微课

运用"快剪辑"软件进行编辑,剪切微课视频中不需要的片段,或者裁剪视频中的画面,以突出微课的主题。

01 导入视频　运行"快剪辑"软件,按图4-123所示操作,导入"《声音的产生》微课.mp4"视频文件。

图4-123　导入视频

02 裁剪视频　在"编辑区"轨道中选定视频,按图4-124所示操作,裁剪多余的视频。

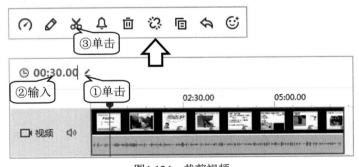

图4-124　裁剪视频

03 **删除多余视频** 按图4-125所示操作,删除多余的视频。

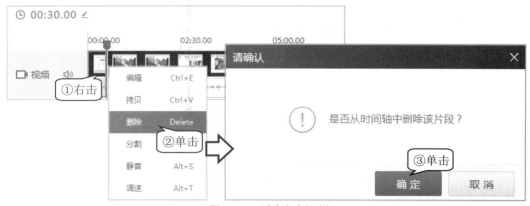

图4-125 删除多余视频

04 **裁剪视频画面** 选择视频,打开编辑窗口,按图4-126所示操作,裁剪视频画面两边的黑边。

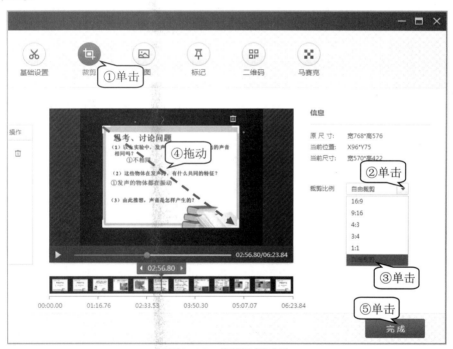

图4-126 裁剪视频画面

05 **导出视频** 选择"开始导出"命令,导出编辑好的视频。

4.6 小结和习题

4.6.1 本章小结

本章通过一些具体实例，从制作添加课件内容、美化课件页面、设置片内和片间动画及交互效果、录制课件旁白并生成课件视频等方面，对使用 PowerPoint 课件制作的基本知识和操作技巧进行系统介绍。然后通过完整实例，从整体上把握微课课件的设计，进一步提高制作技巧。本章需要掌握的主要内容如下。

- **制作课件内容**：学会制作静态幻灯片上的素材添加方法，主要有文字的添加和设置，图形、图像的插入、调整、组合等；学会在课件中添加影片和声音等；另外还要掌握幻灯片模板、背景的设置方法等。
- **美化课件页面**：学会设置课件版式、美化课件元素，设置幻灯片母版，巧用"PPT美化大师"软件让课件更美观，并形成独特的风格，从而提高课件制作质量，提高学生的学习兴趣。
- **设置课件动画**：熟练利用"自定义动画"制作具有动态效果的课件，利用"幻灯片切换"功能设置幻灯片之间的过场动画。
- **控制课件交互**：熟练利用"动作设置"和"超链接"制作非线性播放的课件，能按照教学需要快速便捷地展示教学内容，辅助教学。
- **生成课件视频**：学会根据需求选择不同的微课放映方式，为制作的微课课件录制语音旁白，导出并编辑微课视频。

4.6.2 强化练习

一、选择题

1. 在 PowerPoint 中，如果要给课件选择主题，应该选择的功能区是(　　)。
   A. 开始　　　　　　B. 视图　　　　　　C. 动画　　　　　　D. 设计
2. 在同一课件中，要复制和删除幻灯片，最适合操作的视图是(　　)。
   A. 普通视图　　　　　　　　　　　　B. 幻灯片浏览视图
   C. 幻灯片放映视图　　　　　　　　　D. 阅读视图
3. 若要在课件中输入数学表达式或函数，可以选择的命令是(　　)。
   A. 符号　　　　　B. 特殊符号　　　　　C. 批注　　　　　D. 公式
4. 若要给自定义动画配上声音，应使用的命令是(　　)。
   A. "单击开始"　　　　　　　　　　B. "现实高级日程表"
   C. "计时"　　　　　　　　　　　　D. "效果选项"
5. 在 PowerPoint 中，幻灯片中的对象设置的动画，也称为(　　)。
   A. 片间动画　　　B. 片内动画　　　C. 动画　　　D. 切换

6. 制作一个对象沿着一个曲线运动,可选择自定义动画的动画类型是( )。
   A. 进入效果　　　　B. 强调效果　　　　C. 退出效果　　　　D. 动作路径
7. 为便于整体控制,当幻灯片中的细小对象较多时,可以将对象按需要进行( )。
   A. 组合　　　　　　B. 取消组合　　　　C. 修饰　　　　　　D. 排列
8. 在放映课件时,能直接跳转到要放映的某张幻灯片的键盘操作是( )。
   A. 空格键或向右、向下光标键　　　　B. 退格键或向左、向上光标键
   C. 数字编号+Enter键　　　　　　　　D. Esc键
9. 在使用PowerPoint制作课件时,下列说法错误的是( )。
   A. 设置了动作设置或超链接后,不可以删除
   B. 动作设置不仅可以设置单击鼠标左键时交互,还可以设置鼠标移过时交互
   C. 动作设置不仅可以链接到其他课件中的幻灯片,还可以链接到其他应用程序
   D. 动作按钮实际上是带有超链接的形状
10. 使用PowerPoint制作课件的步骤是( )。
    ① 美化课件和设置动画效果　② 设计提纲　③ 放映调整　④ 制作幻灯片
    A. ①②③④　　　　B. ②①④③　　　　C. ②③④①　　　　D. ②④①③

二、判断题

1. 在PowerPoint中输入文字通常要先插入文本框。　　　　　　　　　　　( )
2. PowerPoint功能区按钮是根据不同的选项卡进行切换的。　　　　　　　( )
3. 在幻灯片浏览视图中双击某张幻灯片,可以直接切换到普通视图。　　　( )
4. 课件中所有幻灯片的背景都是一样的,不能改变部分幻灯片的背景。　　( )
5. 双击图像对象,功能区会自动切换到与图像相关的"格式"功能。　　　 ( )
6. 自定义动画的速度一旦设定,将不能改变。　　　　　　　　　　　　　( )

第 5 章　录屏型微课制作

　　录制屏幕型微课简称"录屏型微课",是一种通过录制计算机屏幕显示过程,利用麦克风获取声音来制作微课的方式。这类微课的制作相对比较简单,非计算机专业的教师稍加培训即可掌握,而且一般由教师本人就可以独立完成。随着白板软件功能的升级和电子设备的日益普及,录屏型微课凭借制作效率高和丰富的交互活动,成为教师最常用的微课制作方式之一。本章学习使用 Camtasia Studio、电子白板和平板电脑等制作录屏型微课,希望读者能举一反三,融会贯通。

■ **本章内容**
- 用 Camtasia Studio 录制微课
- 用电子白板录制微课
- 用平板电脑录制微课

5.1 用Camtasia Studio录制微课

在计算机上安装录屏软件来制作微课是一种常用的微课制作方式。Camtasia Studio 是一款功能齐全，操作便捷的录屏软件，其不仅可以录制课件的演示内容，也能捕捉其他应用软件的操作过程。使用 Camtasia Studio 录制微课大致包括以下几个重要步骤：配置录制环境→录制微课视频→后期剪辑加工→生成发布微课。

5.1.1 配置录制环境

使用 Camtasia Studio 软件进行录制之前，需要先配置好录制环境，选择一个相对安静的场所，准备麦克风等录音设备，设置声音属性，并关闭计算机上不必要的软件，保证在录制微课的过程中不受外界干扰。

01 **选择录制场所**　为了保证微课录制效果，选择一个相对密闭安静的空间作为录制的场所，如无人的办公室、家中的书房等都是不错的选择，如图 5-1 所示。

图5-1　选择录制场所

02 **关闭无用软件**　将计算机中与录制微课无关的软件关闭，如 QQ、微信等聊天软件，以免出现消息弹窗和提示声音影响微课的录制。

03 **测试麦克风**　将麦克风连接到计算机，右击桌面右下角的 图标，选择"声音"对话框中的"录制"标签，在图 5-2 所示的界面中以正常说话音量进行测试。

 若此处音量波动色块在 1 至 4 格之间，则效果较好，否则进入步骤 02，对麦克风属性进行设置。

图5-2　测试麦克风

04 设置麦克风　若麦克风测试的效果不佳，按图 5-3 所示操作，进行设置。设置完后继续进行测试，满意后单击"确定"按钮，关闭对话框。

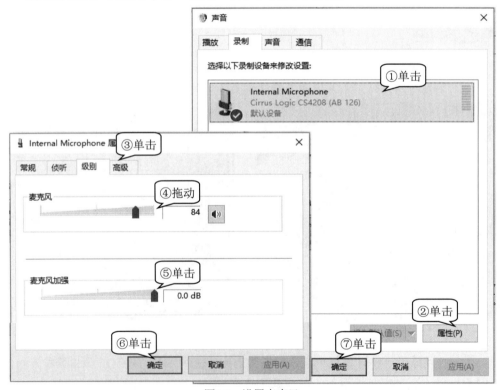

图5-3　设置麦克风

5.1.2　录制与剪辑视频

大多数录屏型微课展示的内容都要借助课件呈现，在安装好 Camtasia Studio 软件后，用户可以利用 PowerPoint 软件中的加载项启动 Camtasia Studio 的录制功能，完成录制后再对视频进行初步剪辑，从而完成微课的主体视频部分。

实例1　蟋蟀的住宅(录制与剪辑视频)

本例是部编版《语文》四年级上册第 11 课"蟋蟀的住宅"中的内容，如图 5-4 所示，通过 PowerPoint 课件中的动画展示和微观图片，可以让学生更加直观地理解相关知识点。

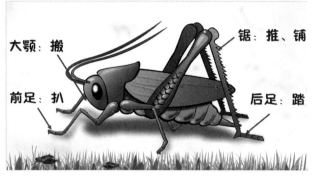

图5-4　课件"蟋蟀的住宅"效果图

微课录制前，应先准备好课件，在 PowerPoint 软件的加载项中找到录制工具，边讲解边录制，然后保存录制的视频，后期对其进行剪辑处理。

跟我学

■ 录制视频

使用 Camtasia Studio 软件录制教师使用 PowerPoint 课件演示并讲解的过程。

01　选择加载项　打开要录制的课件"蟋蟀的住宅.pptx"，按图 5-5 所示操作，选择 PowerPoint 软件中的 Camtasia Studio 录制加载项。

图5-5　选择加载项

 在安装 Camtasia Studio 软件时，会有英文提示是否关联 PowerPoint 软件，需选择该选项，否则在 PowerPoint 软件中无法找到录制加载项。

02　录制视频　按图 5-6 所示操作，使用"单击可开始录制"按钮，在课件全屏播放后，边演示边讲解录制。

图5-6 录制视频

03 保存视频 当最后一张幻灯片播放完，讲课结束后，按Ctrl+Shift+F10键或Esc键结束录制，按图5-7所示操作，保存视频，默认格式为.trec。

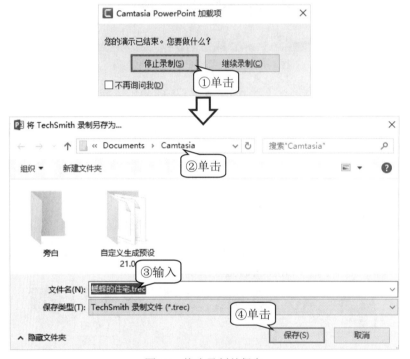

图5-7 停止录制并保存

04 编辑视频 按图5-8所示操作，进行编辑视频前的准备。

图5-8 准备编辑视频

05 添加素材 按图 5-9 所示操作,将录制好的素材拖到时间轴上。

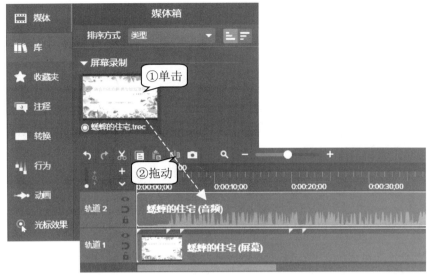

图5-9　添加素材

06 播放视频 按图 5-10 所示操作,播放视频,整体感受视频录制的质量与效果,如果有问题可重新录制。

图5-10　播放视频

07 保存项目 选择"文件"→"保存项目"命令,将视频保存为"蟋蟀的住宅.tscproj"。

■ 剪辑视频

通过浏览视频过程,找到有问题的位置,进行视频分割,并将分割出的不需要的视频片段删除。

01 预览视频 按图 5-11 所示操作,在预览框中浏览所录制的视频内容,了解所录制视频需要剪辑的时间位置。

图5-11 预览视频

02 分割视频 按图 5-12 所示操作，分别在轨道 1 和轨道 2 的 0:00:04;02 位置处分割视频。

图5-12 分割视频

 在拖动滑块来定位时间点时，可以使用放大、缩小按钮来缩放时间轴的时间刻度，以便更精确地定位时间点。

03 删除视频片段 按图 5-13 所示操作，删除 0:00:00;00～0:00:4;02 时间段的视频片段。

图5-13 删除视频片段

04 保存项目 按 Ctrl+S 键，保存项目。

1. 录制工具条

使用 Camtasia Studio 软件进行屏幕录制，除可以使用 PowerPoint 加载项中的"录制"按钮，还可以使用自身软件的"录制"命令来进行。录制前，在"录制工具条"中按图 5-14 所示操作，即可开始录制。

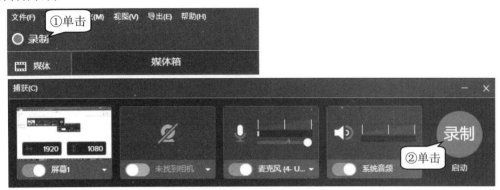

图5-14　录制工具条

2. 剪切视频

除可以用分割视频的方法对视频进行剪辑，还可以直接使用时间轴面板中的"剪切"按钮对视频进行剪辑。按图 5-15 所示操作，即可将所选区间的视频直接剪切掉，剪切点前后的视频内容会自动合并为一个视频。

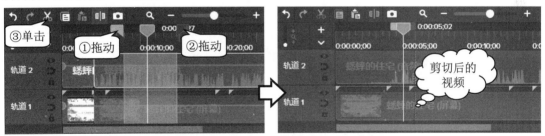

图5-15　剪切视频

3. 预览窗口的控制按钮作用

在 Camtasia Studio 软件的预览窗口中有一排常用的控制按钮，它们的作用如图 5-16 所示。

图5-16　控制按钮

5.1.3　添加变焦与标注

在 Camtasia Studio 软件中提供了变焦与标注的功能，这些功能可以使屏幕上的重点内容更为突出地显示，从而帮助学生理解微课中讲述的知识点。

实例2　蟋蟀的住宅(添加变焦与标注)

本实例是在上一实例的基础上，针对微课中的细节内容添加文字与箭头注释，并利用变焦动画着重呈现重点画面，效果如图 5-17 所示。

利用 Camtasia Studio 中的变焦可以对画面中的局部内容进行放大展示，动态的标注可以使微课中的重点内容与讲解过程更加醒目、突出。

图5-17　添加变焦和标注效果图

 跟我学

■ 添加变焦

在动画面板中可以通过添加关键帧在时间轴中添加变焦点，通过设置变焦比例、时间段及变焦区域来突出屏幕中某区域内容。

01　打开文件　运行 Camtasia Studio 软件，打开项目"蟋蟀的住宅.tscproj"。

02　添加变焦点　将时间轴滑块移至时间 0:02:00;19 处，按图 5-18 所示操作，添加第 1 个变焦点。

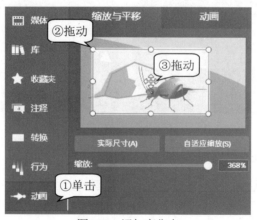

图5-18　添加变焦点

03　调整动画时长　按图 5-19 所示操作，将鼠标指针移到蓝色变焦标记左边的白色小圆点上，拖动，调整动画效果的时长。

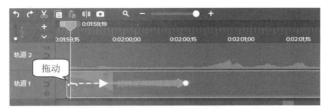

图5-19 调整动画时长

04 调整动画起止时间 按图 5-20 所示操作，在时间轴上调整动画开始和结束的时间。

图5-20 调整动画起止时间

■ 添加标注

为录制的视频中的某时间段添加标注，可以在观看微课时提醒学生注意重点的语句与概念，引导学生的注意力焦点。

01 添加箭头标注 将时间轴滑块移至时间 0:02:01;12 处，按图 5-21 所示操作，添加箭头标注。

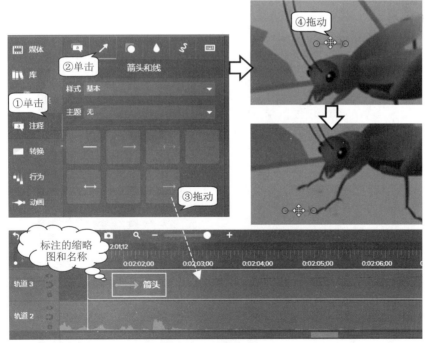

图5-21 添加箭头标注

02 设置箭头的颜色 按图 5-22 所示操作，在"属性"面板中将箭头的颜色修改为红色。

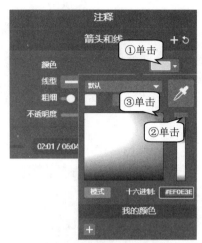

图5-22 设置箭头颜色

03 设置标注延时 在时间轴上选中箭头标注,将鼠标移至其右边界,按图 5-23 所示操作,将箭头标注延长至合适时间。

图5-23 设置标注延时

04 添加文字注释 将时间轴滑块移至时间 0:02:01;12 处,按图 5-24 所示操作,添加并修改注释中的文字内容。

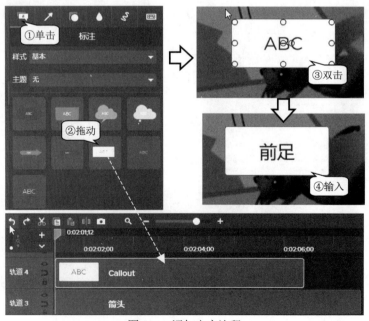

图5-24 添加文字注释

05 修改文字标注 参照步骤 **01** 修改文字标注的大小和位置,按图 5-25 所示操作,完成文字标注边框的修改。

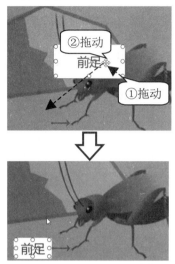
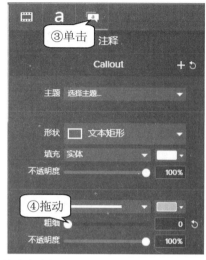

图5-25 修改文字标注

06 设置标注延时 按图 5-26 所示操作,将文字标注延时至和箭头标注一样时长。

图5-26 设置标注延时

07 制作其他聚焦和标注效果 参照步骤 **01**~**06**,按表 5-1 分别在以下时间节点添加上合适的聚焦效果和标注。

表5-1 聚焦和标注效果添加明细

序号	起始时间	终止时间	效果	内容
1	0:02:07;25	0:02:11;16	文字标注+箭头标注	大颚
2	0:02:11;17	0:02:12;15	聚焦	无
3	0:02:14;18	0:02:19;20	文字标注+箭头标注	后足
4	0:02:21;05	0:02:24;28	文字标注+箭头标注	锯

08 设置恢复原始尺寸动画 局部内容完成展示讲解后,需要将画面恢复到原始尺寸。将时间滑块拖到 0:02:29;06,按图 5-27 所示操作,缩小画面至原始尺寸。

09 保存项目 按 Ctrl+S 键,保存项目。

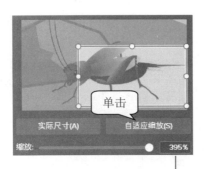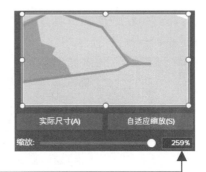

图5-27　设置恢复原始尺寸动画

1. 光标效果

当微课中出现需要学习者重点关注的内容时，可以使用"光标效果"来突出显示这部分内容。例如，按图5-28所示操作，即可将鼠标指针设置为"聚光灯"效果，此时鼠标指针经过的位置会在"聚光灯"下突出显示，反之，不那么重要的内容此时则隐藏在聚光灯之外，以此达到聚焦重点的目的。

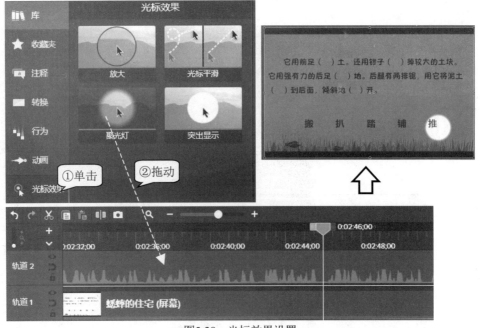

图5-28　光标效果设置

2. 添加片头片尾

Camtasia Studio 的库资源中包含大量自带动画效果的片头片尾视频，用户可以通过软件中的"库"功能，按图 5-29 所示操作，为视频快速添加炫酷的片头片尾视频。

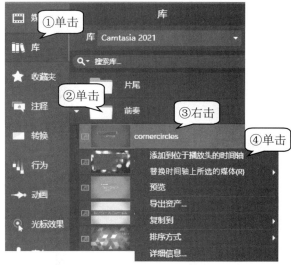

图5-29　添加片头片尾

5.1.4　处理微课声音

通常，刚录制好的微课的声音都会有一些瑕疵，如环境的噪声、麦克风的电流声、咳嗽声等，这就需要对录制好的微课视频中的音频部分单独进行处理。同时在微课中加入背景音乐可以舒缓学生观看时的疲劳感，但必须适当调整背景音乐的音量，以保证学生在观看微课时更清楚地听到教师的讲解，更好地理解微课的内容。

实例 3　认识直角、锐角和钝角

本例是苏教版小学二年级《数学》课件"认识直角、锐角和钝角"中的内容。通过本实例介绍利用 Camtasia Studio 软件的"去噪"功能降低噪声干扰，同时适当降低背景音乐音量，让学习者具有更好的视听感受。

■ 降低噪声

在 Camtasia Studio 软件中可以自动分析音频中的噪声部分，设置好合适的灵敏度和数量后能够实现自动降噪的功能。

01 开启降噪功能　按图 5-30 所示操作，添加"去噪"功能至需要降噪的音频。

02 设置降噪灵敏度和数量　按图 5-31 所示操作，分析噪声并自动去除，试听效果，如不合适，可重复以上操作，直至合适为止。

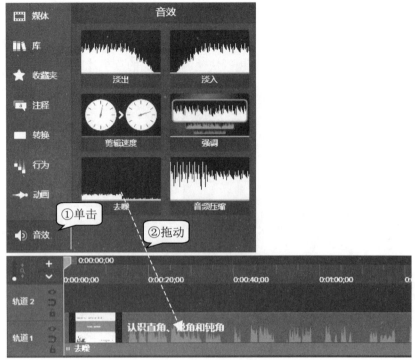

图5-30 开启降噪功能

图5-31 设置降噪敏感度和数量

 此处的灵敏度是指对声音中噪声的区分度,噪声越明显,灵敏度的设置应越高。去噪的数量可以理解为噪声持续的时间,时间越长,数量的设置应越大。

03 保存项目 按Ctrl+S键,保存项目。

■ 添加背景音乐

恰如其分的背景音乐不仅能够升华微课的试听效果,更能减轻学生观看微课时的疲惫感,在添加背景音乐后,应控制好其与教师讲解的音量的关系,避免喧宾夺主。

01 导入背景音乐 按图5-32所示操作,导入预先准备好的背景音乐。

图5-32 导入背景音乐

02 添加背景音乐 按图 5-33 所示操作,将导入的背景音乐添加到时间轴上。

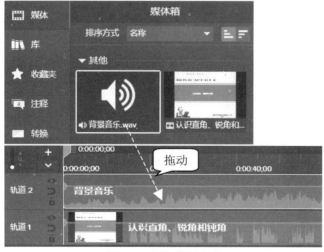

图5-33 添加背景音乐

03 降低背景音量 选中背景音乐素材,将鼠标指针靠近音频控制线,按图 5-34 所示操作,调整背景音乐音量至合适。

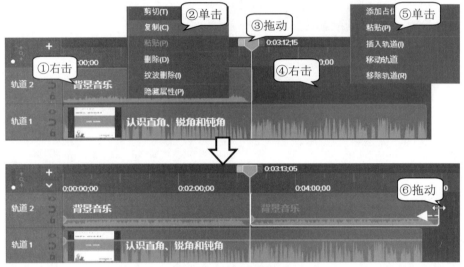

图5-34　降低背景音量

04　复制背景音乐　处理好第一段背景音乐后，如果播放时长不够，可按图 5-35 所示操作，对其进行复制，调整播放长度，保证与微课视频时长一致。

图5-35　复制背景音乐

05　播放检查　音频编辑调整完成的效果如图 5-36 所示，播放预览完整的微课，检查视频和音频的整体效果。

图5-36　音频编辑完成效果

06　保存项目　按 Ctrl+S 键，保存项目。

知识库

1. 录制旁白

当录制的视频中有小段讲述的声音有失误，可按图 5-37 所示操作，在"旁白"中重新录制小段音频，放入新轨道，再将原音频中原声音片段设置为静音，将重新录制的音频片段放到合适的时间位置即可。

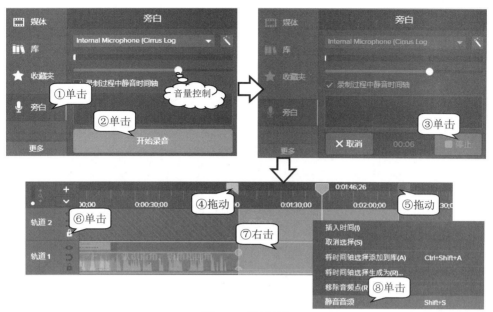

图5-37 录制旁白

2. 导出音频

如果录制的声音质量较差，用 Camtasia Studio 软件较难处理，也可以选择"导出"→"仅导出音频"命令，将项目中的一个或多个音频轨道混合导出为音频文件，使用其他专用音频编辑软件如 Audition 等进行再次编辑。

5.1.5 生成微课视频

经过视频剪辑与音频处理后，还需要给微课添加上一段包含课程内容信息的片头，以便学生在学习时能够大致地了解本课的教学内容。制作完成后可将项目文件生成为一个独立的微课视频成品，提供给学生观看。

实例4 化合价

本例是初中《化学》微课"化合价"中的内容，通过本实例介绍在 PowerPoint 软件中制作好带有教材版本、课题名称、作者姓名等信息的幻灯片，截图后利用 Camtasia Studio 软件添加到微课的开头处作为片头，选择合适的视频格式和视频质量，导出视频。

跟我学

01 **导入片头图片** 按 Ctrl+I 键，快速导入准备好的片头图片。
02 **添加片头图片** 按图 5-38 所示操作，将片头图片添加至时间轴，并适当调整其大小与微课视频画面一致。
03 **打开生成向导** 按图 5-39 所示操作，打开生成向导。
04 **选择视频格式** 按图 5-40 所示操作，选择发布的视频格式类型为"MP4-智能播放器(HTML5)"。

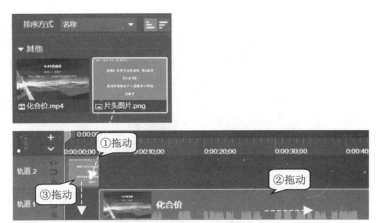

图5-38 添加片头图片

图5-39 打开生成向导

图5-40 选择视频格式

05 设置智能播放器选项　按图5-41所示操作,设置智能播放器选项,取消"控制器生成"选项。

图5-41　设置智能播放器选项

06 设置水印生成视频　非必要情况下可以不添加水印,不选择"SCORM"和"包含水印"选项,单击"下一步"按钮,按图5-42所示操作,将文件以"化合价.mp4"为名,渲染输出文件。

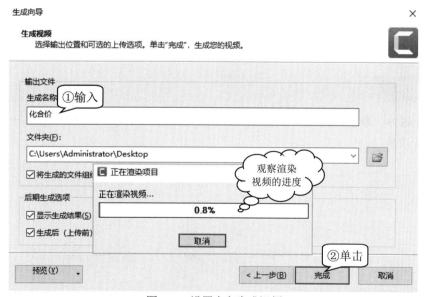

图5-42　设置水印生成视频

 知识库

1. 渲染

编辑好的视频往往是以项目文件的方式进行存储，必须由指定的软件打开，不利于分享与播放。渲染就是将编辑的视频进行汇总处理，将各个零散的素材片段、转场动画、字幕及音乐合成在一起的过程，最终生成一个视频文件，只需在计算机中安装视频播放器，即可观看，方便文件的分享与播放。

2. 画面尺寸

在渲染生成视频时，可按图 5-43 所示操作，调整画面尺寸大小来控制输出文件的存储空间，如果希望输出的文件较小，可以将尺寸设置为 1080×720 或 720×576，当然这样输出的视频在清晰度上也会有一定的损失。

图5-43　调整画面尺寸

创新园

01 打开课件"原子的构成"并播放，课件效果如图 5-44 所示，使用 Camtasia Studio 软件进行录屏。

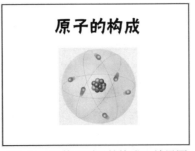

图5-44　课件"原子的构成"效果图

02 录制生成"原子的构成.camrec"文件后，再使用 Camtasia Studio 软件预览视频，进行裁剪视频、去除声音噪声等操作。

5.2 用电子白板录制微课

目前,越来越多的教室配备了电子白板,其良好的交互性获得了许多教师的青睐。同时电子白板中自带的屏幕录制功能更是大大提升了微课制作的效率,丰富了微课学习方式。用户可以在不借助第三方录屏软件的情况下完成对白板操作和课件讲解过程的录制,快速生成一节具有互动功能的微课,以链接的形式分享给学生观看学习。

5.2.1 录制与剪辑视频

使用电子白板录制微课时,根据已编写好的微课脚本与制作好的白板课件,打开白板软件中的屏幕录制功能,按划分好的阶段分段录制微课视频,再对录制好的视频进行剪辑。

实例5 Flash 中的帧(录制与剪辑视频)

本例是科学出版社《信息技术》八年级上册第三单元活动 1 课件 "Flash 中的帧"的内容,本实例介绍了 Flash 软件中各种帧的外观特征和用途功能。

利用"希沃白板"软件中的"录制胶囊"功能,用户可以边操作课件边录制讲解过程,从而快速便捷地完成微课的制作。这种微课还可以融合多种学习资源,因此形象地称为"胶囊"。

跟我学

■ **录制前准备**

根据微课脚本与白板课件划分录制的阶段,并对麦克风进行设置。

01 划分录制阶段 根据"Flash 中的帧—微课脚本.doc"与"Flash 中的帧—微课课件.enbx",将要录制的微课视频划分为 3 个阶段进行录制,划分阶段如图 5-45 所示。

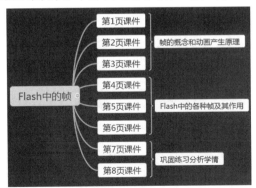

图5-45 划分录制阶段

02 设置麦克风 测试麦克风录音效果,若效果不佳,可参照 5.1.1 中设置麦克风部分的方法进行相应的设置。

■ 录制讲解过程

打开已经制作好的"Flash 中的帧—微课课件.enbx",再使用录制胶囊功能按已划分的录制阶段进行分段录制。

01 打开课件 在安装好"希沃白板"软件后,找到"Flash 中的帧—微课课件.enbx"文件,双击打开。

02 启动录制功能 按图 5-46 所示操作,打开"录制胶囊",启动录制功能。

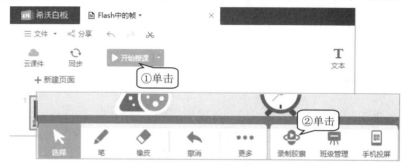

图5-46 打开"录制胶囊"

03 进行录制准备 按图 5-47 所示操作,再次确认用于录制微课的收音工具,以及它们的工作状态。

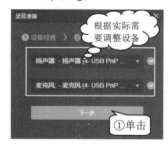

图5-47 录制准备

04 录制视频 单击"开始录制"按钮,待倒计时结束后开始录制第一段视频,讲解完课件第 3 页后,按图 5-48 所示操作,暂停录制,预览第一段视频内容。

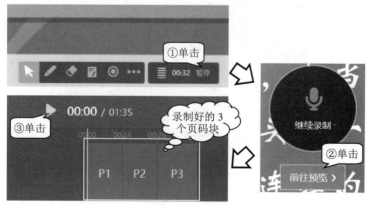

图5-48 录制视频

"页码块"是使用"录制胶囊"制作微课时形成的最小编辑单位,每个页码块中仅包含一页课件的演示过程和讲解音频。

05 录制其他视频　按图 5-49 所示操作,继续完成第二段、第三段微课视频的录制。

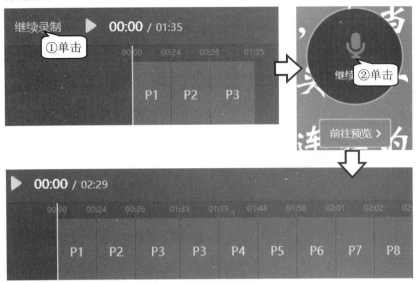

图5-49　录制其他视频

■ 剪辑视频片段

在"录制胶囊"工具中播放录制好的视频片段,并在时间轴视图中浏览、剪辑。

01 浏览视频　单击"播放"按钮,播放浏览录制好的微课视频。

02 选择问题"页码块"　按图 5-50 所示操作,选择有问题的"页码块",进行重新录制。

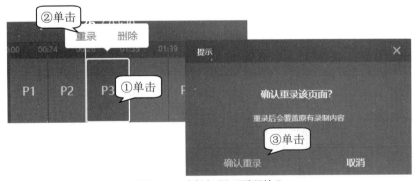

图5-50　选择问题"页码块"

03 重录"页码块"　按图 5-51 所示操作,对有问题的"页码块"进行重新录制。

04 保存胶囊　在对有问题的"页码块"重新录制后,按图 5-52 所示操作,保存胶囊。

05 预览视频　视频保存好后,按图 5-53 所示操作,在"我的胶囊"里播放,整体预览微课的录制效果。

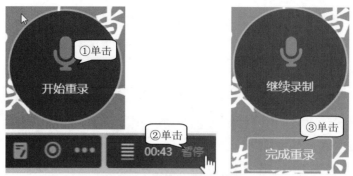

图5-51 重录"页码块"

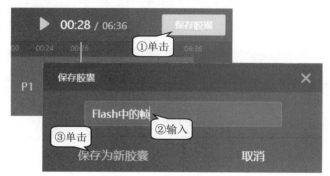

图5-52 保存胶囊

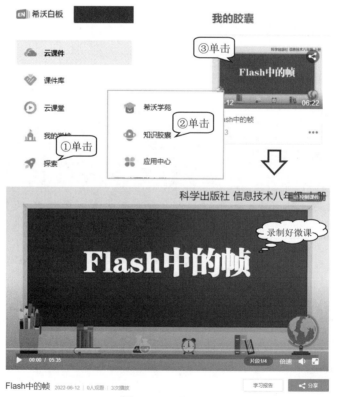

图5-53 预览视频

知识库

1. 分段录制

由于利用电子白板录制微课的过程较为复杂，所以教师可以根据微课脚本或课件演示的步骤对微课进行分段录制。这样做可以减少演示讲解中因失误反复重新录制的次数，从而帮助教师减轻微课制作的工作量。

2. "知识胶囊"工具栏

"知识胶囊"在录制微课时提供了很多实用的操作工具，教师可按如图5-54所示操作，在录课时方便地调用这些工具来优化提升微课的讲解效果。

图5-54 "知识胶囊"工具栏

5.2.2 添加互动答题板

互动答题板可以实现当微课播放到某一特定时间节点时，弹出测试题，对学生先前的学习情况进行检测反馈，帮助学生在观看微课的同时实现学习效果检测，从而提升学习微课的兴趣。

实例6 Flash 中的帧(添加互动答题板)

本实例是在前一实例的基础上，加入互动答题板功能，来检测学生是否通过学习微课理解掌握了 Flash 中帧的类型和作用，互动答题板效果如图 5-55 所示。

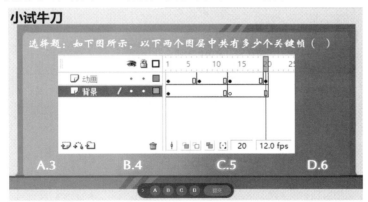

图5-55 互动答题板效果

首先在"我的胶囊"里对录制的胶囊进行重新编辑，然后使用"录制胶囊"中的插入"答题板"为微课"Flash 中的帧"添加互动答题的功能。

添加答题板

在用"知识胶囊"录制微课的过程中,教师可以实时插入"答题板",当微课播放到该时间点时,答题板便会自动弹出,供学习者选择作答。

01 编辑视频 选择"探索"→"知识胶囊"命令,按图5-56所示操作,重新编辑"Flash中的帧"知识胶囊视频。

02 选择重录的页码块 参照5.2.1节中的步骤,选择需要重录的P7页码块,进入重新"录制胶囊"界面。

03 添加答题板 在添加"答题板"之前,教师需加录一段引导语,如"请认真阅读此题,尝试从以下选项中做出正确选择",按图5-57所示操作,在P7页码块中加入答题板,并设置正确选项。

图5-56 编辑视频

图5-57 添加答题板

04 完成重录 按图5-58所示操作,等待内容重新加载后,完成重录,在原来录制视频的基础上添加互动答题的功能。

图5-58 完成重录

05 添加其他页码块的答题板　参照步骤 02～04，为 P8 页码块添加答题板。

06 保存视频　答题板添加完成后，选择"保存胶囊"命令，将制作好的内容保存为新微课。

1. 制作多选题

答题板除可以制作单选题，还可以制作多选题，按图 5-59 所示操作，可将正确答案设置为多个选项，如果选项超过 4 个，还可以单击"+"按钮，添加选项个数。

2. 添加课堂活动

插入的"答题板"只能实现选择题作答的功能，要想实现更加丰富的作答形式，可以借助"希沃白板"软件中的"课堂活动"功能。按图 5-60 所示操作，在制作白板课件时添加并编辑好"课堂活动"，随后在录制胶囊时开启互动答题功能，便能实现形式更为多样的互动答题效果。

图5-59　制作多选题

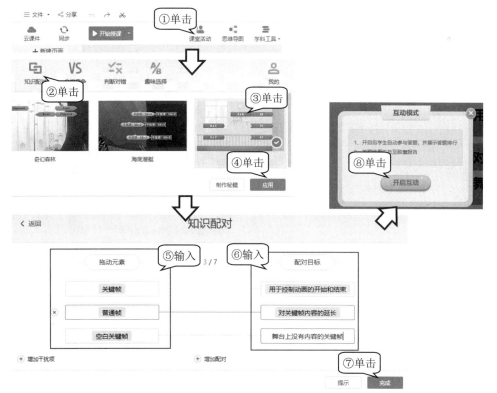

图5-60　添加课堂活动

5.2.3 分享微课视频

经过剪辑处理与添加互动答题板后，一个完整的"知识胶囊"微课就制作完成了。教师可以通过生成二维码或网页链接的形式，将制作完成的微课分享给学生观看学习。同时利用"学习报告"的功能，简明快速地了解学生的微课学习情况。

实例 7 Flash 中的帧(分享微课视频)

本实例是在前两节学习和制作的基础上，将做好的"知识胶囊"微课通过二维码分享给学生观看学习，再打开"学习报告"功能，查看学生观看学习的数据，从而准确地判断学习效果。

■ 分享微课

制作好的"知识胶囊"微课可以通过"分享"命令，生成二维码或网页链接，前者方便学生进行扫码观看，后者可在计算机浏览器中打开学习。

01 分享微课二维码 按图 5-61 所示操作，将"Flash 中的帧"微课生成一幅带有观看二维码的海报，"复制海报"后在班级群里粘贴，分享给学生观看。

图5-61 生成微课二维码

02 扫码观看微课 学习者可以使用手机或平板电脑扫描二维码，进行观看学习，效果如图 5-62 所示。

图5-62　手机观看微课效果

03 分享微课链接　用浏览器观看微课，可以让学习者获得更加愉悦的学习体验，因此，教师可按图 5-63 所示操作，分享"Flash 中的帧"微课的网页链接。

图5-63　分享微课链接

04 复制链接观看　学习者可打开教师分享的网页链接，通过计算机上的浏览器观看学习微课，效果如图 5-64 所示。

图5-64　浏览器观看微课效果

■ **学情分析**

"知识胶囊"中的"学习报告"功能可以清晰明了地反映学习者的学习过程和学习数据，帮助教师快速、准确地掌握微课学习效果。

01 打开学习报告　按图 5-65 所示操作，打开学习报告，可以清晰地看到参与学习的学生人数、每位学生观看微课的时长，以及互动答题的正确率等数据。

我的胶囊

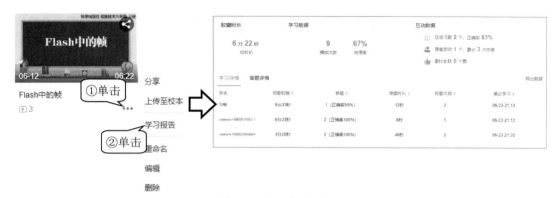

图5-65　打开学习报告

02　查看答题详情　按图5-66所示操作，打开答题详情，查看每道互动答题的完成数据，准确判断学生的学习效果。

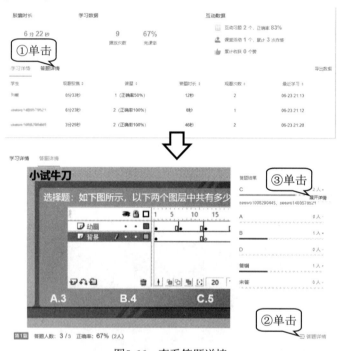

图5-66　查看答题详情

创新园

01 使用"希沃白板"软件打开"精卫填海.enbx"文件，全屏运行课件，效果如图 5-67 所示，再使用"录制胶囊"功能进行录制。

图5-67 课件"精卫填海"效果图

02 使用"录制胶囊"添加互动答题板,为微课添加一边观看一边答题功能,效果如图5-68所示。

图5-68 添加互动答题板

5.3 用平板电脑录制微课

平板电脑是教师制作"微课"的好助手,使用方便简单,教师只要动动手指就可录制微课。平板电脑的屏幕就像教室里的黑板,教师可以在上面边板书边进行课程讲解,使用平板电脑中的App,录制屏幕中的内容,导出分享微课视频。

5.3.1 录制微课

使用平板电脑录制微课视频,需要安装第三方软件,如 Educreations,它有颜色画笔、橡皮擦、导入、录制等工具,使用者不需要掌握高深的拍摄和编辑技巧,单击"开始录制"按钮后,在屏幕上写字、画画,所有记录和语音即可被录下来,生成视频形成微课,与在白纸上和他人讲述一样简单。

实例 8　连加(录制微课)

本实例是苏教版小学《数学》一年级上册课件"连加"中的内容,微课的运行顺序和效果如图 5-69 所示。

图5-69　微课"连加"效果图

使用 Educreations 制作微课的流程如图 5-70 所示。在设计好微课内容,准备好相关素材后,利用 Educreations 导入图片,制作出微课实例的内容页面,并开启录制功能,一边演示讲解一遍录制微课。

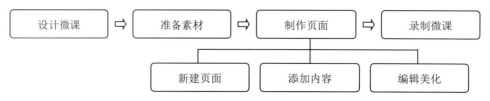

图5-70　使用Educreations制作微课的流程

跟我学

■ 安装软件

在平板电脑上录微课前要安装相应的 App,打开 App Store,查找、下载并安装 Educreations。

01　打开 App Store　按图 5-71 所示操作,打开 App Store。

图5-71　打开App Store

02　查找 Educreations　按图 5-72 所示操作,在 App Store 中查找 Educreations。

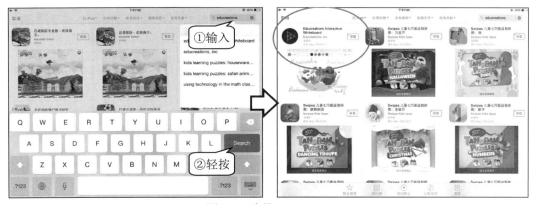

图5-72　查找Educreations

03 安装Educreations　按图5-73所示操作，系统自动安装Educreations App。

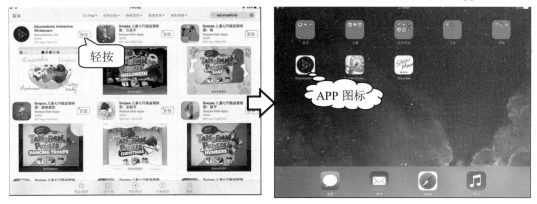

图5-73　安装Educreations

■ 运行软件

安装好App后，可直接轻按图标，启动Educreations，在主界面轻按按钮，进入录制界面，即可开始录制微课。

01 认识主界面　轻按iPad主屏幕上的Educreations图标，运行Educreations软件，弹出如图5-74所示的Educreations主界面。

图5-74　Educreations主界面

02 进入录制界面　按图 5-75 所示操作，轻按"+"按钮，新建微课，进入录制界面。

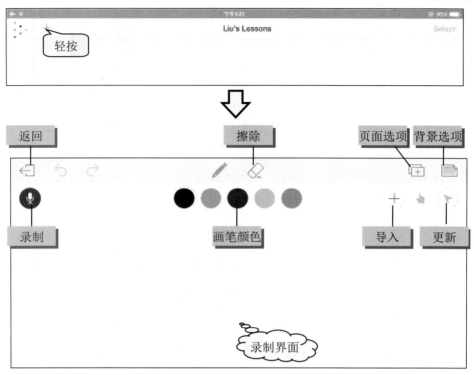

图5-75　进入录制界面

■ 导入图片

Educreations 可以导入图片，导入方法包括：导入相机图片，上网查找，使用 Dropbox、Google Drive 下载等。

01 导入相册图片　按图 5-76 所示操作，选择相册图片中的情境图。

图5-76　导入相册图片

微课课件需要的情境图可以先在计算机中编辑处理,然后通过 QQ 上传到平板电脑的照片相册中。

02 **复制页面** 按图 5-77 所示操作,通过"复制"新增页面。

图5-77 复制页面

利用 Duplicate Page 命令可复制生成新页面,利用它复制上一个页面,再在新页面中添加新的内容,按顺序播放时,可以像幻灯片一样生成动画效果。

03 **添加图片** 参照图 5-75 所示的操作步骤,选择页面2,再导入4只小鸡的图片。

■ 调整图片

导入的图片大小、尺寸和位置等可能不符合页面要求,需要选择相应的工具调整或删除。

01 **调整图片位置** 按图 5-78 所示操作,将图片移到合适的位置。

02 **调整图片大小** 按图 5-79 所示操作,将图片调整到合适大小后锁定图片。

03 **添加图片** 复制第 2 页,再添加 1 只小鸡的图片,并调整位置和大小,效果如图 5-80 所示。

图5-78 调整图片位置

图5-79 调整图片大小

图5-80 添加图片

删除图片的方法：先选中不需要的图片，再轻按图片工具栏中的"删除"按钮◙，即可删除图片。

■ 添加字母和数字

Educreations 支持输入英文字母、符号、数字等。应用英语、数学算式，可以让界面美观、清晰。

01 新增空白页　按图 5-81 所示操作，新增一页空白页。

图5-81　新增空白页

02 选择颜色与工具　按图 5-82 所示操作，选择颜色和文字工具。

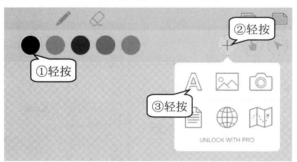

图5-82　选择颜色和工具

03 输入算式　按图 5-83 所示操作，出现文本框后选择软键盘输入算式。

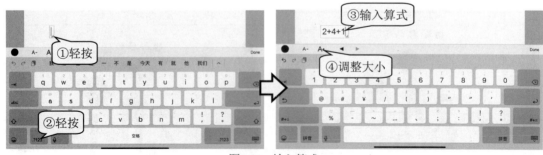

图5-83　输入算式

04 添加课题　用添加图片的方法，添加"连加"文字图片，并调整好位置，结果如图 5-84 所示。

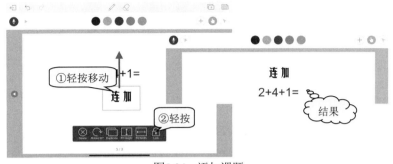

图5-84 添加课题

 如果课件页面中想呈现中文字体,则需要手写或通过其他软件制作保存为图片格式再导入。

05 制作新习题 导入篮球图片,按图 5-85 所示操作,复制 7 个篮球,调整位置并输入相应算式。

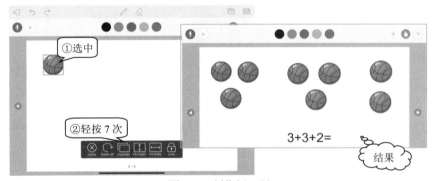

图5-85 制作新习题

■ 录制视频

根据微课的教学设计,将课件的各个页面制作好后,轻按"录制"按钮,对着平板电脑的话筒,一页一页地演示同时讲解,进行视频录制。

01 开始录制 选择第 1 页,按图 5-86 所示操作,进行视频录制。

02 录制下一页 当一页讲解完后,轻按"下一页"按钮,即可进入下一页的录制。

03 录制讲解的手写过程 按图 5-87 所示操作,可录制讲解的手写过程。

图5-86 录制视频

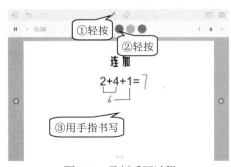

图5-87 录制手写过程

04 保存视频　录制结束后，按图 5-88 所示操作，保存录制的视频。

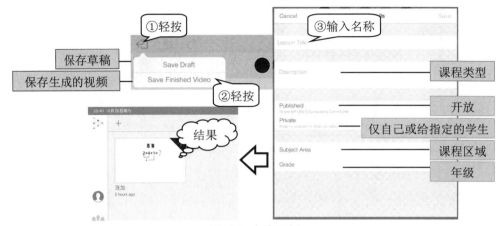

图5-88　保存视频

知识库

1. 添加网上图片

用 Educreations 软件制作课件时，除可以导入存放在平板中的图片，还可以直接上网查找图片并直接导入页面中，如图 5-89 所示。

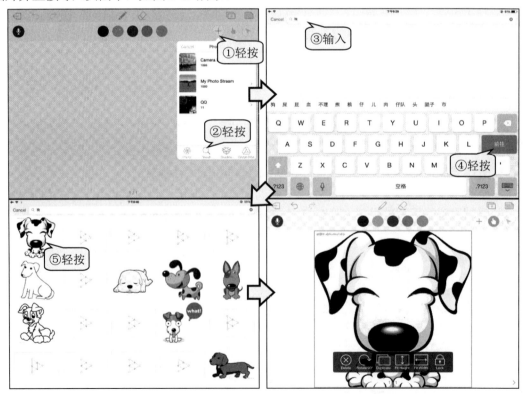

图5-89　添加网上图片

2. "图片"工具栏

导入图片后，轻按图片，在图的下方可以弹出如图5-90所示的"图片"工具栏，使用其中的工具可以对图片进行设置。

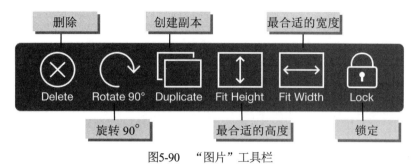

图5-90 "图片"工具栏

3. 橡皮工具

按图5-91所示操作，长按"橡皮"图标后，选择Clear Page命令，可以将整张页的所有内容清除干净。

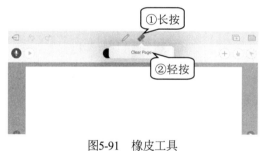

图5-91 橡皮工具

5.3.2 导出分享微课

使用Educreations软件制作的微课在分享给学生观看前，教师需要先在平台上创建虚拟班级，然后将微课视频发布到对应的虚拟班级中，最后以链接的形式与同行、学生分享、交流。在进行上传分享自己的微课之前，需先注册个人账号。

 跟我学

■ 账号注册

分享Educreations微课，需要注册自己的个人账号，拥有账号就可以方便地管理、分享微课。

01 打开注册界面 按图5-92所示操作，打开注册界面进行注册。

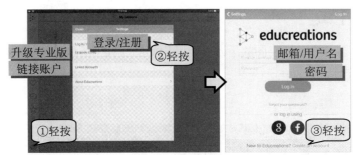

图5-92　打开注册界面

02 填写注册表单　按图5-93所示操作，选择教师类别，用邮箱作为注册账号，填写相关注册信息。

图5-93　填写注册表单

 教师用户与学生用户的权限不同，例如，教师用户可以创建班级，邀请学生加入，学生用户注册要关联班级编码。

■ **创建班级**

教师需要创建好虚拟班级，再将相应的课程内容添加至其中。平台会为每个虚拟班级生成一个班级编号，学生登录平台后输入相应的班级编号，便可进入学习课程。

01 新建虚拟班级　按图5-94所示操作，新建一个虚拟班级。

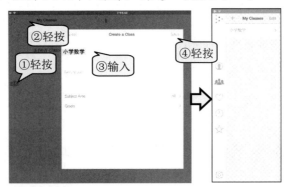

图5-94　新建虚拟班级

02 添加课程内容　按图5-95所示操作，将预先制作好的微课内容添加至班级课程中。

图5-95　添加课程内容

■ 分享微课

学生有了教师发布的班级编号，即可注册自己独立的账号，登录并关联相应的虚拟班级后，开始微课学习。

01　注册学生账号　按图5-96所示操作，学生便可完成平台账号的注册。

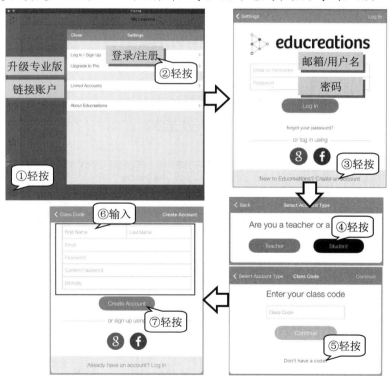

图5-96　注册学生账号

02　关联班级编号　按图5-97所示操作，填入相应的虚拟班级编码，即可进入对应的班级。

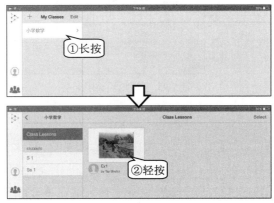

图5-97 关联班级编号

03 进入班级学习 按图 5-98 所示操作，学生进入虚拟班级后，便可打开微课进行学习。

图5-98 进入班级学习

1. 学习网上微课

Educreations 提供自己的平台空间，如图 5-99 所示，将微课分类整理存放在空间中，用户可以在线分享网上优秀的课程资源。

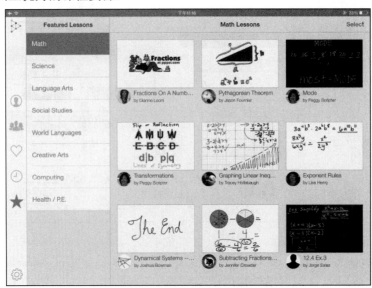

图5-99 Educreations平台空间

2. Educreations网页版

Educreations 专门为没有平板电脑的教师提供了网页版，打开网站，即可在线制作或浏览微课，如图 5-100 所示。

图5-100　Educreations网页版

创新园

01 使用平板电脑安装 Educreations 软件，并录制手写演示过程，制作类似于可汗学院的微课视频。例如，录制计算"中点坐标"的微课，效果如图 5-101 所示。

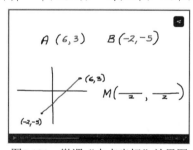

图5-101　微课"中点坐标"效果图

02 在 Educreations 网站上注册账号，将录制的微课上传分享到平台中。

5.4 小结和习题

5.4.1 本章小结

本章在上一章制作课件的基础上，进一步对制作的 PowerPoint、希沃白板等课件进行录屏，并且在录屏过程中添加旁白讲解，分别就 PowerPoint 软件的录制方法、电子白板环境下录屏，以及移动终端下的录制等几种情况进行系统的介绍。本章需要掌握的主要内容如下。

- **用Camtasia Studio录制微课**：学会设置录制环境、测试麦克风、课件版式，熟练使用 Camtasia Studio软件录制课件演示过程，并掌握简单编辑视频的方法，给视频添加标注，降低噪声，改变音量。
- **用电子白板录制微课**：在电子白板环境中，熟练利用"录制胶囊"功能录制演示白板课件的过程，利用"录制胶囊"功能中的答题板为微课添加互动答题的效果，并能从"学习报告"中获得学生观看学习的情况。
- **用平板电脑录制微课**：学会在iPad中安装Educreations App，利用App新建页面，导入图片素材，进行圈画讲解，熟练掌握"橡皮擦""画笔"工具的使用。

5.4.2 强化练习

一、填空题

1. 使用"录制胶囊"功能录制微课，形成最小的编辑单位是＿＿＿＿。
2. 电子白板"录制胶囊"自带"录音准备"调试过程为＿＿＿＿、＿＿＿＿、＿＿＿＿。
3. 在 Camtasia Studio 软件中编辑导出的视频格式有＿＿＿＿、＿＿＿＿、＿＿＿＿等。
4. 使用 Camtasia Studio 软件给视频设置变焦，需要在变焦面板中通过添加＿＿＿＿，在＿＿＿＿中添加变焦点，通过设置＿＿＿＿、＿＿＿＿及＿＿＿＿来突出屏幕中某区域的内容。
5. 在平板电脑中录制微课，可以安装＿＿＿＿App 录制视频。

二、选择题

1. 安装了 Camtasia Studio 后，在 PowerPoint 中，录制功能所在的工具菜单是(　　)。
   A. 开始　　　　　B. 幻灯片放映　　C. 加载项　　　　D. 切换
2. 在"录制胶囊"功能中，可以用来添加"答题板"工具的是(　　)。
   A. ⬤　　　　　　B. ✎　　　　　　C. ◆　　　　　　D. ◼
3. Camtasia Studio 添加文字提示信息所在的功能区是(　　)。
   A. 标注　　　　　B. 变焦　　　　　C. 标题　　　　　D. 画中画
4. 在使用 Camtasia Studio 录屏时，使用功能键(　　)可停止录屏。
   A. F2　　　　　　B. Esc　　　　　　C. F10　　　　　　D. F11
5. 使用 Camtasia Studio 软件编辑视频，需要保存项目文件，其文件类型是(　　)。
   A. mp4　　　　　B. wmv　　　　　C. camrec　　　　D. camproj

三、判断题

1. 在 Camtasia Studio 中可以对音频片段的音量大小进行调节。（　　）
2. 在 Camtasia Studio 中只能复制音频，不能复制视频。（　　）
3. 在录制微课时，如果录制环境嘈杂，后期声音将不可处理。（　　）
4. 在电子白板中录制视频，必须借助第三方软件进行录屏。（　　）
5. 利用 Educreations 软件录制编辑视频，不能生成视频，只能分享视频。（　　）

第6章　拍摄型微课制作

使用拍摄工具(包括手机、摄像头和摄像机)制作拍摄型微课，是最常用、最普遍的微课制作方式之一。这种方式制作的微课，可以同步出现讲授人的面部表情，让学生感觉亲切；同时拍摄体育、音乐、美术等学科教师的示范动作作为微课视频，可以让学生比较容易接受教学内容，因而拍摄型微课是受学生欢迎的一种微课，在教学中有着广泛应用。

■ 本章内容
- 手机拍摄微课
- 录播教室拍摄微课
- 摄像机拍摄微课

6.1 手机拍摄微课

便携式数码拍摄设备是指携带方便且具有拍摄视频功能的数码产品,此类产品有手机、数码相机、平板电脑等。利用这些设备拍摄制作微课主要有3种形式:一是固定式垂直拍摄;二是固定式水平拍摄;三是移动混合式拍摄。本节的实例选择都侧重于共性的微课制作特点,无论使用哪种便携式数码设备,都可以参考,以便举一反三。

6.1.1 拍摄准备

手机(此处指带有摄像功能的手机)是大家最为熟悉的通信设备,就拍摄微课而言,摄像性能效果越强的手机,制作视频的效果会越好。手机制作微课的特点是对设备门槛要求低,在注意光线与声音环境的前提下,结合好的创意,也可以拍摄出优秀的微课。

实例1 清平乐·村居

本例是小学五年级《语文》课件"清平乐·村居"中的内容,如图6-1所示,该微课借助手机支架固定手机,通过垂直向下拍摄的方式拍摄视频。

标注字词

作者介绍

图6-1 微课"清平乐·村居"效果图

在拍摄制作本例之前,授课教师需要准备固定支架固定手机,使用胶带、裁纸刀固定拍摄位置,准备纸张和彩色笔以便微课拍摄中使用。

跟我学

01 准备设备   拍摄之前,准备手机、手机支架、纸张、胶带、裁纸刀、彩色笔等设备,如图6-2所示。

02 固定手机   首先将手机支架下方固定在桌子上,调整支架弯度,然后将手机固定到支架上,并调整手机拍摄的水平度,操作如图6-3所示。

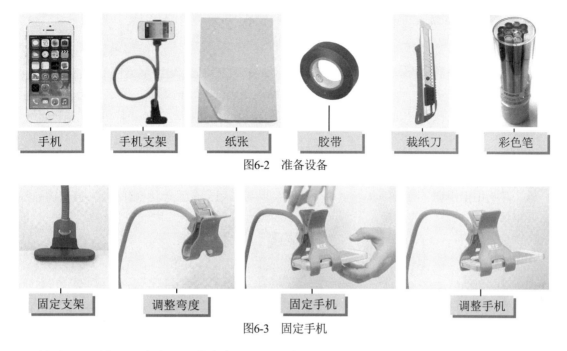

图6-2 准备设备

图6-3 固定手机

03 设置区域 通过使用胶带在桌面上固定成一个矩形区域，便于手机拍摄时教师定位显示区域范围，具体操作如图 6-4 所示。

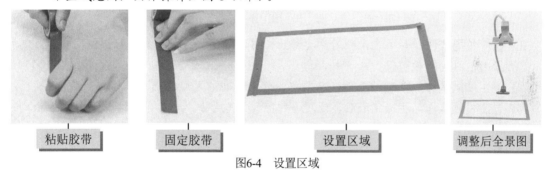

图6-4 设置区域

知识库

1. 其他便携拍摄设备

拍摄微课常用的便携设备除了手机，还有平板电脑和数码相机，它们的拍摄方式相似，只要掌握一种，即可举一反三。但要拍摄一节优秀的微课，还需要在教学设计上下功夫。

微课拍摄所呈现的所有道具都是为教学服务的，拍摄时要想方设法将教师预设的过程通过镜头呈现出来。

2. 视频导出与处理方法

使用手机拍摄微课后可通过数据线将拍摄的视频导出到计算机。不同类型的手机拍摄的微课视频格式不同，可以通过"格式工厂"软件对拍摄的视频进行格式转换。具体转换方式请参考本书其他章节,此处不再赘述。

6.1.2 拍摄步骤

打开手机拍摄软件,调整好拍摄选景范围与拍摄焦点,设置拍摄视频大小与格式,开始录制;拍摄过程中注意操作效率与节奏;拍摄结束后单击"停止"按钮停止拍摄。

跟我学

01 开始拍摄操作 打开手机拍摄软件,调整拍摄区域,设置合适焦距。单击开始拍摄,拍摄操作如图6-5所示。

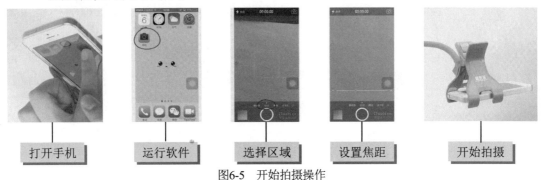

图6-5 开始拍摄操作

02 暂停拍摄操作 如果在录制时需要停止,可以使用手机拍摄软件暂停键,需要继续拍摄时,再一次按暂停键,开始拍摄。

03 停止拍摄操作 录制结束后,只需要按停止键即可完成拍摄。

04 导出视频操作 拍摄完成后,通过手机数据线或手机软件,将所拍摄的视频导出到计算机。

知识库

1. 手机微课拍摄方法

用手机拍摄微课除了可以使用固定式垂直拍摄方法,也可以使用固定式水平拍摄、固定式倾斜拍摄方法,如拍摄体育示范动作、手工制作过程、实验过程等,还可以将计算机屏幕上的视频或动画课件的播放过程录制下来。固定式水平、倾斜拍摄的方法与垂直拍摄方法基本相同。

2. 手机拍摄微课技巧

为了达到较好的微课拍摄效果,建议设计好脚本后试拍一遍,再根据拍摄中存在的问题,找出解决办法。若讲授者讲得过快,导致拍摄画面跟不上,则授课教师需调整教学节奏;若教学重点不突出、互动内容未特写,则可提醒拍摄者在固定时段重点拍摄哪些内容。

6.1.3 注意事项

使用手机拍摄微课时需要掌握一些基础知识，如要考虑拍摄的区域范围、授课者是否对镜头有干扰等。使用手机拍摄不同于一般的视频拍摄，拍摄时要注意一些细节，如不要超出拍摄范围、不能头部遮挡镜头、手上没有饰品等。

01 注意拍摄范围 授课时应在固定区域内进行操作。如图 6-6 所示，不要将教学用的物品放在拍摄区域之外。

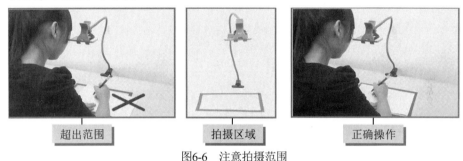

图6-6　注意拍摄范围

02 注意拍摄动作 教师授课拍摄时要注意操作的动作节奏，特别是手部在书写文字时不可上下移动，因为软件会自动对焦，上下移动速度过快会导致画面不清晰。

03 不干扰拍摄 拍摄时不要出现干扰微课拍摄的行为与物品。如图 6-7 所示，注意头部不要遮挡镜头，手上不要带有戒指、手镯等干扰学生注意力的饰品。

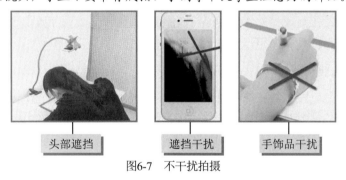

图6-7　不干扰拍摄

04 注意拍摄光线 教师在拍摄时如果室内光线不足，可以使用台灯之类的光源，在不干扰拍摄的前提下，对拍摄区域增加照明，使拍摄的视频画面明亮。

知识库

1. 微课拍摄注意事项

- 语言要简洁：授课教师应提前写下每一个环节的过渡性语言，这样拍摄时就可保证语言简洁。

- 动作要准确：授课教师使用道具时要知道每一个道具的具体位置和操作顺序，要做到胸有成竹，不能在拍摄时出现找不到当前要呈现的道具的情况。
- 道具要精美：使用的道具应色彩鲜明，制作的卡片要美观，书写的文字要规范。
- 控制要精准：教师在教学的整个过程中，各环节的动作控制、时间节点的把握都要做到精准，给人一种切换自如、耳目一新的感觉，以便吸引学生继续学习。

2. 数码相机拍摄注意事项

使用数码相机进行移动式拍摄微课时，要合理使用数码相机支架，使拍摄画面稳定。拍摄人员利用支架上的360度平衡移动支架灵活移动相机，根据授课教师讲授过程，进行移动镜头、放大或缩小相机取景画面。

6.2 录播教室拍摄微课

录播教室录播基础设备有录播主机、智能摄像头、电子白板、话筒。录播教室能够将实时拍摄的视频、音频、信号源内容进行同步整合，达到实时剪辑的效果。同时，可通过网络平台同步播放、点播，常被用于公开课教学、优秀教师课堂评比等；也可以使用录播教室录制微课，特别是一些体育动作类、教师讲授类。

6.2.1 拍摄准备

录播教室一般有多个摄像头，就拍摄微课而言，要根据摄像头能够拍摄到的方向，提前规划好角色的位置。拍摄前要与授课教师提前交流课题，共同讨论出视频需要重点呈现的内容，通过拍摄者在控制台的切换，可以实时剪辑出需要的微课。

实例 2　基本指法要掌握

本例是小学《信息技术》三年级微课"基本指法要掌握"中的内容，如图6-8所示，该微课在录播教室录制，录制过程中，需要特写键盘教具，并展示课件内容。

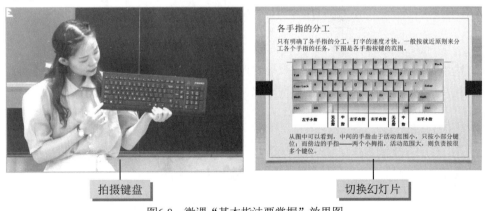

图6-8　微课"基本指法要掌握"效果图

良好的准备工作更有利于教师在熟悉的录播教学环境中发挥优势，展现教学风采及课堂活跃度。根据以往拍摄经验，拍摄前期一般要在教学行为、课堂场地布局、撰写脚本上做好准备。

跟我学

01 教学行为 教师的言行举止，在课堂中以教学理念、教学语言、教学方法等方式表达出来。教学过程中，教师要用自然的站姿，手部自然端起，不耸肩，衣着端庄大方。为取得较好的拍摄效果，可提前对教师进行培训，如图6-9所示。

图6-9 教学行为

02 课堂场地布局 根据教学内容的需要，可提前对录播教室的课桌进行重新布置。学生座位排列需合理，无空旷感，还需要兼顾到镜头捕捉角度。

03 撰写脚本 依照撰写好的教学设计，教师和制作组共同讨论出视频需要呈现的具体内容，确定分镜时间的长度，附分镜脚本制作范例——微课"基本指法要掌握"，如表6-1所示，供参考。

表6-1 微课"基本指法要掌握"脚本制作范例

场次	内容	分镜画面	声音说明	画面说明	时间长度
1	教师		同学们好，录入汉字的速度与指法有很大的关系	显示教师和幻灯片内容，教师开始讲解微课的主题	40秒
2	键盘		键盘的分区有主键盘区、编辑键区、功能键区、小键盘区	教师演示键盘，并进行注意事项讲解	35秒
3	课件		每根手指都有它负责的按键区域	展示课件，突出按键和手指的对应关系	6秒

1. 脚本的编制

拍摄前，授课教师要与摄像人员讨论课程的内容和重点、各个知识点的出现、画面文字安排是否符合现代学生的观看习惯、分镜的时长是否能抓住课程的重点，最终规划出真正具有教学效益且信息正确的视频内容。

2. 节奏的控制

节奏是事物内部结构或外部联系的和谐统一，是美的普遍规律，它是多元化的，对于微课创作者来说，把多元化的内容融合在微课之中是至关重要的。录制过程中，微课的景别要做到有交代(远景)，有人物交流(中景)，有表情和心理活动(近景)，有重点表达(特写)等镜头语言，从而形成节奏感。

6.2.2 拍摄步骤

在制作微课时，录播系统默认使用的是全自动跟踪拍摄，但一般采用手动方式，切换为手动方式的操作如图 6-10 所示。开始录制后，根据脚本内容的要求去调整、切换镜头，完成拍摄后，单击停止录制按钮，可以得到一个经过剪辑的微课视频。

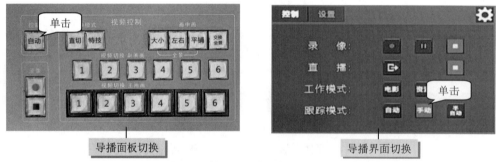

图6-10 使用导播台切换录制方式

跟我学

01 开始拍摄操作 教师进入录播教室，拍摄人员在主控室调整好拍摄区域，设置合适的焦距，单击"录制"按钮，开始拍摄，拍摄操作如图 6-11 所示。

图6-11 开始拍摄操作

02 **切换拍摄内容** 根据提前讨论好的分镜脚本，在指定的时间或内容节点上，进行镜头的切换，操作如图 6-12 所示。

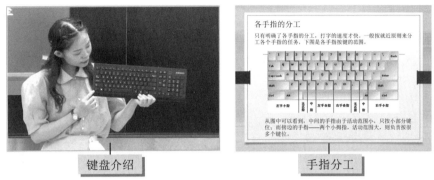

图6-12 使用导播台切换录制内容

03 **停止拍摄操作** 录制结束后，按停止键即可完成拍摄。

04 **导出视频** 拍摄完成后，可以通过 U 盘直接插入录播主机进行复制，或者登录网站后台，下载到计算机。

知识库

1. 微课教室

"微课教室"是一种现行比较方便快捷的微课制作系统。它的原理是老师站在绿幕前方，将课件通过短焦投影机投射至绿幕，为老师讲课做出提示，此时互动绿板可以将老师在绿幕课件中所做的标注传到微课制作系统进行实时合成。因其制作过程接近于现行的授课方式，且不需要大幅度改变教学习惯，教师一人即可独立完成拍摄录制，所以适用于大量生产微课教学视频。

2. 嵌入式便携录播

嵌入式便携录播是一款集采、编、控、录、播功能为一体的便携录播设备，现场架设方便，一个人就可以轻松完成多机位拍摄与直播，它可以满足一些特殊的拍摄需求，如演播室、剧院、教室或操场等。因为切换画面等同于对拍摄画面的剪辑操作，所以教学视频的后期剪辑将更加快速。

6.2.3 注意事项

录播室内部由录播主机、校园网络管理服务平台、带云台一体化摄像机(全程跟踪动态拍摄)、数字音频处理设备和软件平台融合而成。在录播教室的使用过程中，需要注意一些影响拍摄的因素，如教师着装、站位、移动速度、中央镜头等。

01 **教师着装** 授课时，教师尽量不穿条纹或黑色的衣服，因为有条纹图案的衣服，在移动时会让人看到一些动态的条纹，长时间盯着屏幕看还会给人一种晕眩感，而黑色衣服与黑板同色，让人难以区分，如图 6-13 所示。

02 **教师站位** 教师授课时要注意所站的位置，才能取得较好的拍摄效果。注意不要在镜头下和学生对话，也不要站在旁边的摄像头下，容易遮挡镜头，如图 6-13 所示；在学生上台演示时，教师要站在学生的旁边。

图6-13 教师着装

03 **移动速度要缓慢** 教师在授课过程中，不要进行快速移动，镜像切换过快会造成画面的不稳定。

04 **多看中央镜头** 拍摄微课过程中，教师在讲授时要多观看中央镜头，因为这样学生的感受才是最直接的。

知识库

1. 化妆和发型

教师应适当化妆，摄像机拍摄镜头下，若无妆容，脸部轮廓会不明显，肤色也会显得暗沉，看起来就无精打采。教师发型干净整齐即可，以体现出专业的教师形象为佳。

2. 要富有想象力

在录制微课的过程中，教师必须拥有丰富的想象力及感知能力，要熟悉录制环境中的位置及演出范围，这可让观众有身临其境的感觉，把讲授想象成一对一的讲解交流，如此一来，教师的课堂气氛就会更加生动、活泼，容易吸引学生目光。

6.3 摄像机拍摄微课

摄像机是把光学图像信号转变为电信号，以便于存储或传输的信息采集设备。摄像机按性能分可分为广播级、业务级和家用级，一般单位或学校购买的都是业务级的摄像机；按存储数码方式分可分为磁带式、存储卡、硬盘式等，从微课拍摄制作角度来说，使用存储卡或硬盘式数码摄像机较方便，因为拍摄的视频可以在计算机中直接编辑处理。

6.3.1 使用摄像机拍摄基础

本节重点介绍摄像机拍摄方面的内容，主要从景别的应用、镜头的运动、镜头的组接、选择机位和处理光线等几方面进行介绍。

1. 景别的应用

微课拍摄中常用的景别有远景、全景、中景、近景和特写5种，图6-14所示为同一人物5种景别的应用。

图6-14　5种景别的应用

- 拍摄"远景"：远景是各类景别中表现空间范围最大的一种，具有广阔的视野，常用来展示事件发生的时间、环境、规模和气氛。远景画面的处理一般重在"取势"，不注重人物的细微动作。因微课画面画幅较小，所以建议少用远景。
- 拍摄"全景"：全景用来表现场景的全貌或人物的全身动作，在微课中用于表现教师与教学环境、学生与教学环境之间的关系。全景主要用于事物全貌的介绍或展示，如课堂的环境、学生的活动、教师的教态等，强调的是课堂的氛围、情景，揭示事物互相之间的关系。此景别在课堂录像的开头、结尾及中间环节都会用到。
- 拍摄"中景"：中景用于表现成年人膝盖以上的躯体或场景局部的画面，可以表现人物与人物之间、人物与事物之间的相互关系。例如，用中景拍摄学生回答问题时的情景，不但可以表现回答问题的学生的表情和神态，同时还可以显示邻座学生的反应，如表情、动作等。
- 拍摄"近景"：拍到人物胸部以上或物体的局部称为近景。近景的视频形象是近距离观察人物的体现，所以近景能清楚地看清人物细微动作。在拍摄人物时，要注意人的眼神和手势的处理，如学生回答问题、朗读、做作业、做实验，教师讲课、写板书、做演示实验等。因此，在拍摄微课时近景是最常用的一种景别选择，可在微课中展示授课教师的教学激情，往往给微课观众深刻的印象。

- 拍摄"特写"：特写是表现成年人肩部以上及头部范围或某些被摄对象细部的画面景别。特写的功能主要是选择与放大，如板书内容、实验现象、师生的面部表情和神态等，这些不同内容的特写，其作用都是通过细节观察事物的面貌，给人以较强烈的视觉冲击，强化观众对所表现的形象的认识和感受，加深记忆。

2. 镜头的运动

在实际拍摄过程中，还经常使用运动摄像即灵活地使用推、拉、摇、移、跟等操作方式，恰当地运用镜头，达到好的拍摄效果。

- "推"：又称推镜头，是通过变焦使画面的取景范围由大变小、逐渐向被摄主体接近的一种拍摄方法，形成视觉前移的效果。由于推镜头是通过画面的运动来引起观众对某个形象或教学环节的注意，因此，其应有明确的表现意义，没有任何意义的推摄镜头应该避免。
- "拉"：又称拉镜头，是指摄像机画面逐渐远离被摄主体，从而实现由局部到整体的转移，形成视觉后移的效果，可以达到逐渐展示场景的意图。
- "摇"：也称摇摄、摇镜头。摄像机机位固定，机身借助三脚架的云台或人体做上下、左右、斜线、曲线、半圆、360°等各种形式的摇拍，用于表示人物处于静止位置。
- "移"：又称移动镜头、移动摄影。移摄主要分两种拍摄方式，一种是将摄像机架在可移动物体(如装有滑轮的三脚架)上并随之运动而进行的拍摄，另一种是摄像人员肩扛摄像机，通过人体的运动进行拍摄。考虑画面的稳定性，在课堂实录中一般不太使用这类镜头，只有当被摄体被前景挡住无法正常取景时才会使用。
- "跟"：又称跟拍或跟镜头。跟镜头就是摄像机镜头跟随运动的被摄体一起运动而进行的拍摄。它可以表示人物处于动态的主观视线，也可以造成观众的身临其境感，如拍摄教师在课堂上巡视、学生互动表演等。

3. 镜头的组接

镜头的组接就是将拍摄的画面有逻辑、有构思、有意识、有创意和有规律地连贯在一起。在有多机位摄像机拍摄时，专业拍摄经常将许多镜头合乎逻辑地、有节奏地组接在一起，从而阐释或叙述教学重难点内容的技巧。下面介绍几种有效的组接方法。

- "连接"镜头组接："连接"镜头组接是相连的两个或两个以上的一系列镜头表现同一主体。
- "队列"镜头组接："队列"镜头组接是相连镜头但不是同一主体的组接，由于主体的变化，下一镜头主体的出现，观众会联想到上下画面的关系，起到呼应、对比、隐喻和烘托的作用，往往能够创造性地揭示出一种新的含义。
- "两级"镜头组接："两级"镜头组接是从特写镜头直接跳切到全景镜头，或者从全景镜头直接切换到特写镜头的组接方式。这种方法能使情节的发展在动中转静或在静中变动，直观感强，节奏上形成突如其来的变化，产生特殊的视觉和心理效果。
- "特写"镜头组接："特写"镜头组接是指上个镜头以某一人物的某一局部(头或眼睛)或某个物件的特写画面结束，然后从这一特写画面开始，逐渐扩大视野，以展示另一情节的环境。该组接是为了在观众注意力集中在某一个人的表情或某一事物时，不知不觉中转换了场景和叙述内容，而不会让人产生陡然跳动的不适感。

4. 选择机位

教学微课拍摄机位可采用单机位拍摄、双机位拍摄和多机位拍摄。单机位、双机位拍摄在教室中的设置如图 6-15 所示。一般为了使拍摄画面不抖动，可以通过三脚支架固定摄像机，将三脚支架固定在三脚滑轮上，还可以推动三脚支架进行移动拍摄。

图6-15　机位与摄像机支架

- 单机位拍摄：由于要兼顾教师和学生的活动，所以该机位对拍摄者的要求比较高。这一方式景别单调，对师生互动表现不明显，拍摄起来难度大，后期合成效果差，但若拍摄顺利，后期可不必进行视频编辑。
- 双机位拍摄：该机位，一个主拍教师，一个主拍学生，拍摄效果较好，可实现师生镜头画面的合理切换。两个机位具体分工为：一号机从教室的后方向前拍摄教师活动、讲台、投影和教室全景，开头和结尾处镜头以全景为主，中间以中景镜头为主拍摄教师讲授、板书、操作演示多媒体设备等，也可适当应用特写镜头表现教师的动作、表情或展示教学用具，尽可能地拍好教师近景和板书内容。二号机从教室的前侧向后拍摄学生，以近景、特写为主，兼顾中景，如学生听课、做实验、练习、记笔记、回答问题、朗读等课堂教学过程，同时要注意抓拍好与教学活动相关的个别学生的瞬间动态(如脸部神态、表情等)。
- 三机位拍摄：该机位摄取的场景更丰富，便于后期编辑制作，其机位摆放为前后各一机位固定拍摄，分别拍摄学生听课画面和教师讲课画面，类似双机位拍摄法，第三台机器采用移动拍摄法，拍摄教学过程中的一些特殊画面，如教师的神态、学生讨论、多媒体课件等特定画面。但三机位拍摄对后期视频影像合成制作将会增加许多复杂的工作，延长后期合成的时间。

5. 处理光线

光是拍摄舒适环境的重要因素，适当增加环境补光，合理校正摄像机的白平衡后，再进行拍摄的效果会更好。针对教室内拍摄光源不足的问题，可以借鉴以下 3 种方法。

- 计算机信号接入切换台：教室内的投影大多是教师用计算机输出的信号。我们可以使用分屏器分出信息源提供给切换台，实现计算机画面的录制。

- 后期补拍和编辑：在第一次拍摄时，以教师面部的曝光要求为基准进行曝光，多机位进行切换实录，随后对出现投影的细节补拍，用插入编辑的方法进行修改。同样要选好编辑点，使过渡自然、顺畅。
- 区域布光法：对教师活动较为频繁的区域给予较强的布光，而对投影区给予较暗的布光或不布光。最好使用聚光灯，而不要用散光灯，以避免影响投影区域的光线，有条件的可以使用追光。使用摄像机拍摄微课对于初学者来说都是一个熟能生巧的过程，只有通过多次拍摄微课，才能了解景别应用、镜头运动与组接、机位选择等内容。

6.3.2 单机位拍摄微课

拍摄型微课可以从处理视频画面、选择视频景别、拍摄绿屏背景和室外拍摄几方面进行单机位拍摄。

实例3 How to make suggestions

本例是中学《英语》八年级微课"How to make suggestions——提建议的句式"中需重点理解的内容。本实例使用摄像机单机位不停机拍摄，效果如图6-16所示。

图6-16　微课"How to make suggestions——提建议的句式"效果图

本实例重点介绍单机位拍摄微课时，固定镜头拍摄和定格拍摄的呈现方式。

跟我学

■ 入画拍摄

入画拍摄是指角色或景物进入拍摄机器的取景画幅中，可以经由上、下、左、右等多个方位对角色进行拍摄。

01 拍摄固定镜头　简单地说，就是镜头对准目标后，做固定点的拍摄，而不做镜头的推近拉远动作或上下左右的扫摄。如图6-17所示，固定镜头拍摄以稳定性为主。

02 保持构图平衡　如图6-18所示，保持画面的平衡性和画面中各物体要素之间的内在联系，画面中课件画面占2/3，教师在画面的1/3黄金分割处，平衡了画面布局。

图6-17　拍摄固定镜头

图6-18　保持构图平衡

摄像的构图规则与静态摄影的构图规则类似，不但要注意主角的位置，而且还要研究整个画面的配置。

03 拍摄入画镜头　如图6-19所示，授课教师从电子屏幕移到黑板处的拍摄过程，就是黑板从左向右的入画拍摄过程。

图6-19　拍摄入画镜头

04 拍摄出画镜头　授课教师如果从黑板再移到电子屏幕处，将黑板画面移出镜头的过程就是黑板出画镜头拍摄。无论是入画还是出画，拍摄都要保持镜头的稳定性。

■ 定格拍摄

定格是指将视频的某一格，即视频的某一帧，通过技术手段，增加若干帧，以达到影像处于静止状态的目的。通常微课的拍摄都是以定格开始和以定格结束。

01 拍摄板书　如图6-20所示，拍摄授课教师在黑板上书写时要注意角度，不要出现教师身体完全遮挡书写的文字的情况，板书时身体要侧一点，让镜头画面显示板书内容。

书写文字　　　　　　　　　讲解文字

图6-20　拍摄板书书写与讲解

02 定格画面　如图6-21所示，授课教师在讲授教学重点内容时，拍摄者应给出定格画面，起到强调与突出的作用，便于学生观看。

讲授重点　　　　　　　　　定格画面

图6-21　拍摄定格画面

03 定格画面的其他应用　一般每个微课的片头和片尾都有5～8秒的定格画面。定格画面时影像处于静止状态，便于表达内容的同时，也给观看者留有思考的时间。

实例4　武术

本例是小学"武术"练习系统微课中的内容，该微课效果如图6-22所示。本实例主要从拍摄的角度介绍录制微课的技巧。

本实例重点介绍单机位拍摄微课时，使用多角度拍摄和运动拍摄的方法与技巧。

准备活动　　　　　　教学画面

图6-22　微课"武术"效果图

跟我学

■ **多角度拍摄**

在大多数情况下，拍摄要以平摄为主，但是全篇一律地使用平摄，会使观看的人感到平淡乏味。因此，偶尔变换一下拍摄的角度，会使影片增色不少。

01 平摄　即平视拍摄角度，指摄像机镜头与被摄对象处在同一水平线上的角度，视觉效果比较符合日常观察事物的习惯，画面效果显得平和稳定。如图6-23所示的教学画面就是以平摄为主。

教师示范　　　　　　学生练习

图6-23　水平方向拍摄

02 侧摄　即侧面方向拍摄，通过侧摄能丰富教学内容。如图6-24所示为侧摄教学画面。

教师示范　　　　　　学生练习

图6-24　侧面拍摄

03 其他角度拍摄　　拍摄角度方式还有：仰摄，即由下往上拍摄；俯摄，即由上往下拍摄。拍摄时，可以根据不同的需要进行选择，此处略。

■ 运动摄像

运动摄像就是在一个镜头中通过移动摄像机机位，或者改变镜头光轴，或者变动镜头焦距所进行的拍摄，通过这种拍摄方式所拍到的画面，称为运动画面。

01 拍摄技巧　　由推、拉、摇、移、跟、升、降等运动摄像方式，不同程度地有机结合起来进行综合运动拍摄。

02 推镜头拍摄　　推镜头是摄像机向被摄主体方向推进拍摄，以突出教学画面，如图6-25所示。

图6-25　推镜头拍摄

03 拉镜头拍摄　　如图6-26所示，拉摄是摄像机逐渐远离被摄主体，或者变动镜头焦距，使画面框架由近至远与主体拉开距离的拍摄方法。

图6-26　拉镜头拍摄

 拉镜头使被摄主体由大变小，周围环境由小变大。此处拍摄用于结束教学环节，最后画面定格，完成结束拍摄。

实例5　指挥海龟齐步走

本例是安徽省小学五年级《信息技术》微课"指挥海龟齐步走"中的内容，为了更好地说明单机位拍摄的多种方式，本实例选择网络教学互动实景课例，效果如图6-27所示。

本实例重点介绍单机位拍摄微课时，使用景别应用和运动镜头拍摄的方法与技巧。

师生互动拍摄

学生正面拍摄

图6-27　微课"指挥海龟齐步走"效果图

■ **景别应用**

景别是指由于摄像机与被摄体的距离不同，而造成被摄体在电影画面中所呈现出的范围大小的区别。在教学中，为了突出教学的重要内容经常使用该技巧。

01 拍摄教师授课　如图 6-28 所示，授课开始时使用教室全景拍摄，然后慢慢改变景别，使用中景画面，再改为教师近景拍摄。常用于拍摄开始授课时的教学拍摄方式。

全景拍摄

中景拍摄

近景拍摄

图6-28　拍摄教师授课

02 拍摄屏幕画面特写　在网络教学环境中拍摄时，需要突出显示学生使用的计算机画面，使用特写拍摄方式，效果如图 6-29 所示。

中景拍摄

近景拍摄

特写拍摄

图6-29　拍摄屏幕画面特写

■ **运动镜头**

课堂教学时，授课教师根据教学需要，经常在教室中移动，这时就要通过摇镜头、移镜头等拍摄方式呈现教学过程。

01 **摇镜头拍摄** 拍摄时应尽量将被摄主体稳定地保持在画框内的某一点上，否则画面会偏左或偏右。如图 6-30 所示，摇摄教师从讲台走到学生面前时的画面，摇速要与画面内教师位移相对应，否则容易产生视觉疲劳和不稳定感。

摇镜头起幅　　摇镜头过程　　摇镜头落幅

图6-30　摇镜头拍摄

 摇摄形成镜头运动迫使观看者随之改变视觉空间，对后面摇进画面的新空间或新景物就会产生某种期待和注意。

02 **移镜头拍摄** 移动拍摄是以人们的生活感受为基础，还原生活中的视觉感受。图 6-31 所示为使用一个摄像机进行移镜头的拍摄。

移摄起幅　　移摄过程　　移摄落幅

图6-31　从教室后面移镜头到教室正面的拍摄

 拍摄时机位发生变化，边移动边拍摄的方法称为移镜头拍摄。移摄时可将摄像机放在肩部，保持画面相对稳定。

03 **跟镜头拍摄** 即摄像机跟踪运动着的被摄对象进行拍摄的摄影方法，它既能突出主体、交代环境，又能提供连贯流畅的视觉效果，如图 6-32 所示。

中景拍摄　　近景拍摄　　特写拍摄

图6-32　跟镜头拍摄

跟上、跟准被摄对象是跟镜头的基本要求。在机位的运动过程中，所带来的焦点变化、角度变化、光线变化，也是跟镜头拍摄过程中需要注意的问题。

实例6 Do you know "well"？——不同语境中的"well"

本例是外研版高一《英语》微课"Do you know'well'？——不同语境中的'well'"中的内容，该微课使用分段拍摄，最后通过视频编辑软件完成视频合成，微课效果如图6-33所示。

图6-33 微课"Do you know'well'？——不同语境中的21'well'"效果图

本实例重点介绍单机位拍摄微课时，使用绿屏拍摄和视频组合的方法与技巧。

■ **绿屏拍摄**

通常认为，使用数码拍摄时，被摄物体在绿色背景上能留下更清晰的边缘，这是由于绿色的反射比更高，不容易融到被摄物体上，后期抠像时处理会更干净。

01 绿屏拍摄 如图6-34所示，在绿色背景下，拍摄授课教师的教学画面内容。在拍摄时授课教师要事先规划好后期合成的背景，在此背景环境下完成视频拍摄。

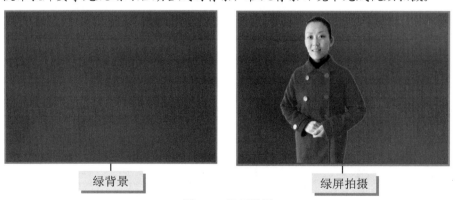

图6-34 绿屏拍摄

02 合成效果 通过专业的视频编辑软件，完成视频抠图操作，制作效果如图6-35所示。

图6-35　绿屏抠图合成效果

■ 视频组合

提前拍摄视频片段后,将视频片段插入课件中,通过录屏软件生成微课视频,再通过视频合成技术完成绿屏抠图,最终生成影片。

01 拍摄并插入课件　如图6-36所示,先拍情景对话视频,然后再将视频插入课件中。

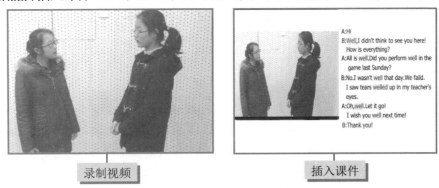

图6-36　拍摄并插入课件

02 选择影片并插入课件　如图6-37所示,选择影片视频片段并插入课件中。

图6-37　选择影片并插入课件

03 合成视频　如图6-38所示,通过视频合成技术生成作品。将视频插入课件、课件的录屏方法及抠视频合成技术见本书其他章节,此处略。

图6-38　合成视频

1. 手动调整亮度功能

当拍摄环境逆光或光线较暗时,如果以全自动模式拍摄,则主体或人物会全黑而背景光亮,或者黑暗中有一片模糊的灯光。针对以上问题,最好的方式就是逆光时按下逆光补正功能键,如果没有该功能,可将全自动模式切换为手动模式,找到亮度调整键进行画面亮度的调整(逆光时将亮度调亮,光线较暗时则调暗),当然最好的方式是直接看着观景器或液晶屏幕上的画面调整到适当的亮度。

2. 手动调整焦距功能

一般情况下,拍摄采用的是自动对焦,但在特殊情况下如隔着铁丝网、玻璃、与目标之间有人物移动等,往往会让画面焦距时而清楚时而模糊。因为自动对焦的情形下,摄像机依据前方物体反射回来的信号判断距离,然后调整焦距,所以才会发生上述情形,因此只要将自动对焦切换为手动,将焦距锁定在固定位置,就不会随意改变。

6.3.3　多机位拍摄微课

多机位拍摄教学片段,是指使用两个机位以上且一般都采用固定方式,即机位不移动,采用镜头的推、拉、移来完成拍摄全程。机位安排分教师和学生视角,尽量不要拍摄到其他摄像机。

实例7　就英法联军远征中国给巴特勒上尉的信

本例是中学《语文》八年级微课"就英法联军远征中国给巴特勒上尉的信"中的内容,教学重点是品味文章多姿多彩的语言,欣赏作家的讽刺艺术。教学效果如图6-39所示。

摄录教师的摄像机在拍摄教师的授课过程中,尽量把授课的重点、难点表达出来。摄录学生的摄像机在摄录学生的听课过程中,尽量把学生听课的认真态度、学生练习和回答教师提问的神态表现出来。

由于本实例是在交互式电子白板环境下拍摄的,所以在拍摄制作之前,教师应撰写微课教学设计、制作电子白板课件等。

图6-39　微课"就英法联军远征中国给巴特勒上尉的信"效果图

跟我学

■ 一号摄像机

一号摄像机机位用来拍摄教师讲课画面,机器就架设在最后一排学生座位后面,方向与学生听课方向一致,镜头面对黑板。

01 拍摄导入　授课教师在教学中使用交互式电子白板进行演示讲解,如图6-40所示,在拍摄时要多用全屏画面,尽量少摇机器,使摄像机画面与投影屏幕保持平直。

图6-40　拍摄导入

02 拍摄板书　拍摄授课教师在黑板上书写教学内容时,就必须将书写的词语推成特写画面,并且时间长度要给够学生抄写完词语,如图6-41所示。

图6-41　拍摄板书

03 拍摄重难点 教师使用白板交互式课件演示解决教学中的重难点时,教师正面与黑板构图拍摄及教师操作白板时的背影构图拍摄,效果如图 6-42 所示。

图6-42 拍摄重难点

04 拍摄互动练习 学生上讲台操作展示、授课教师指导学生操作练习时,使用了跟摄、推镜头等拍摄方式,拍摄效果如图 6-43 所示。

图6-43 拍摄互动练习

■ **二号摄像机**

二号摄像机用来拍摄学生活动的正面图像,机器架设在第一排学生座位前面,方向面对学生。机器高度同站姿拍摄高度,机器转动角度在 90°方位上无障碍物。

01 拍摄学生全景 拍摄学生全景主要拍摄学生活动情况、情绪变化反应,机器始终框成全景画面。图 6-44 所示为学生在课堂上认真听课时的表情和学生与教师之间互动时的表情。

图6-44 拍摄学生全景

02 拍摄学生近景 重点拍摄学生在课堂上具有感染力的面部表情精彩画面，如图 6-45 所示，在学生回答教师的提问时迅速推成近景，回答过后拉全景，以便拍摄下一个学生。

近景拍摄

拉全景拍摄

图6-45 拍摄学生近景

03 指导学生 教师从讲台走到学生中间巡视指导时，使用二号摄像机拍摄，效果如图 6-46 所示。

巡视指导

教师摇摄

图6-46 指导学生

■ 镜头组接

将多个摄像机拍摄的画面有逻辑、有构思、有意识、有创意和有规律地连贯在一起，就形成了镜头组接。好的视频都是由许多有逻辑、有节奏的镜头组接而成的。

01 静接静镜头组接 如图 6-47 所示，一号摄像机拍摄的镜头与二号摄像机拍摄的镜头相互连接时，要保证镜头长度一致。

一号摄像机教师教学镜头

二号摄像机学生学习镜头

图6-47 静接静镜头组接

02 动接动镜头组接 该组接为主体不同、运动形式不同的前后摄像机镜头相连，在组接时，要求在运动中切换，只保留第一个摇镜头的起幅和最后一个镜头的落幅，如图6-48所示。

一号摄像机拍摄时运动镜头

二号摄像机学生回答镜头

图6-48　动接动镜头组接

03 静接动镜头组接 固定镜头与运动镜头相连，前后镜头的主体具有呼应关系时，应视情况决定镜头相接处起落幅的取舍，如图6-49所示。

一号摄像机教师提出问题

二号摄像机学生起立回答问题

图6-49　静接动镜头组接

知识库

1. 组接规律

如果影片画面中同一主体或不同主体的动作是连贯的，则可以动作接动作，达到顺畅、简洁、过渡的目的，简称为"动接动"。如果两个画面中的主体运动是不连贯的，或者它们中间有停滞，那么这两个镜头的组接必须在前一个画面主体做完一个完整动作停下来后，衔接一个从静止到开始的镜头，这就是"静接静"。"静接静"组接时，前一个镜头结尾停止的片刻叫作"落幅"，后一个镜头运动前静止的片刻叫作"起幅"，起幅与落幅时间间隔为一两秒钟。

运动镜头和固定镜头组接，同样需要遵循"动接动""静接静"的规律。如果一个固定镜头要接一个摇镜头，则摇镜头开始要有"起幅"；相反，一个摇镜头接一个固定镜头，那么摇镜头要有"落幅"，否则画面就会给人一种跳动的视觉感。为了特殊效果，也有"静接动"或"动接静"的镜头。

2. 双机位拍摄注意事项

双机位拍摄时，前后机位摄像人员与授课教师要在拍摄之前进行沟通，让摄像人员了解教学的流程、重点内容，两位摄像人员还要做好分工。授课教师要明白拍摄的死角，要注意在教学中的行走路线，不要走在两台摄像机交叉线上，以免互摄时出现摄像机的画面。

双机位拍摄尽量选择两台相同的摄像机，在拍摄前要对两台摄像机进行调试，使这两台摄像机所选择的光圈、滤色片、记录格式等相同，这样两台摄像机拍摄出的画面才不会有太大的差别。

6.4 小结和习题

6.4.1 本章小结

本章主要介绍了制作拍摄型微课的知识，根据常用的拍摄设备，对拍摄前的准备工作、拍摄的具体步骤，以及拍摄时的注意事项，进行了详细介绍，具体包括以下主要内容。

- **手机拍摄微课**：详细介绍了使用手机拍摄微课的方法及注意事项。手机拍摄微课与使用平板电脑、数码相机拍摄微课的知识相同。
- **录播教室拍摄微课**：详细介绍了使用录播教室拍摄微课的方法及注意事项。
- **摄像机拍摄微课**：详细介绍了使用摄像机拍摄微课的方法及基础知识，其中重点介绍了单机位和多机位的拍摄技巧。

6.4.2 强化练习

一、选择题

1. 使用手机拍摄微课时，不需要(　　)工具。
   A. 手机　　　　　　B. 手机支架　　　C. 胶带　　　　　D. 三脚架
2. 使用(　　)拍摄微课的步骤和注意事项与其他 3 个选项的不一样。
   A. 手机　　　　　　B. 平板电脑　　　C. 摄像头　　　　D. 数码相机
3. 使用手机拍摄微课时，下列中做法错误的是(　　)。
   A. 不可以戴戒指　　B. 不可以戴项链　C. 不可以戴手镯　D. 不可以戴手表
4. 使用录播教室拍摄微课时，下列中做法正确的是(　　)。
   A. 任何位置都可以拍摄　　　　　　　B. 拍摄时就快速走动，吸引注意
   C. 拍摄前要进行培训　　　　　　　　D. 拍摄尽量穿条纹和黑色衣服
5. 使用摄像机拍摄微课时，不需要下列中的(　　)工具。
   A. 三脚支架　　　　B. 三脚滑轮　　　C. 绿色背景布　　D. 白色背景墙

二、判断题

1. 使用手机拍摄微课时，一定要面带微笑。（　）
2. 使用手机拍摄微课时，一定要先固定好拍摄范围。（　）
3. 使用手机拍摄微课与使用平板电脑、数码相机和摄像头拍摄微课的步骤及方法是一样的。（　）
4. 任何形式的微课都可以在录播教室中拍摄。（　）
5. 使用摄像机拍摄微课时，只有"远景""中景""近景""特写"4种景别。（　）

三、问答题

1. 概述一下你对拍摄型微课的认识。
2. 使用手机等便携设备拍摄微课的一般步骤是什么？
3. 多机位拍摄微课时，应如何选择拍摄机位？

第 7 章　微课后期处理

微课完成前期录制后,还只是半成品,需要进行后期处理。不同类型的微课,在后期处理时选择的软件、技术略有不同,主要包括优化声音效果、设置微课字幕、编辑视频特效、添加交互练习和生成分享微课等。微课后期处理会涉及声音、图像、视频等多种数字化工具和软件的协同处理,如果能根据制作需求、现有的条件选择恰当的技术,则可以达到事半功倍的效果。

■ **本章内容**
- 优化声音效果
- 设置微课字幕
- 编辑视频特效
- 添加交互练习
- 生成分享微课

7.1 优化声音效果

微课后期处理中,对于声音效果的处理和优化是一项必不可少的环节。对微课声音进行优化,通常包括录制朗读配音、优化音频素材和添加背景音乐等,可以根据实际情况选择不同的软件。

7.1.1 录制朗读配音

配音视频是微课常见的一种导入方式。在制作微课时,很难找到完全符合的视频素材,因此需要使用相应的软件,将原视频素材的音频分离并删除,重新录制朗读配音。

实例 1   背影(录制朗读配音)

本例是人教版《语文》八年级上册第二单元第 7 课微课"背影"中的内容。本实例中,教师制作了一个"父亲的爱"朗诵视频来导入本课,导入视频效果如图 7-1 所示,教师通过朗读录制课文配音。

图7-1   微课"背影"朗读配音导入视频效果

在录制声音之前,除了要准备好视频素材,还需要相应的硬件设备,如台式计算机需要配置麦克风或耳麦,手机、平板电脑或笔记本电脑可以在安静的环境下直接录制。

■ **录音前准备**

在录音之前,需要准备一个安静的环境,将麦克风连接到计算机上并测试是否可以正常使用及进行相关设置。

01 **测试麦克风** 将麦克风连接到计算机上,右击桌面右下角的 图标,选择"录音设备"选项,在图7-2所示的界面中以正常说话音量进行测试。

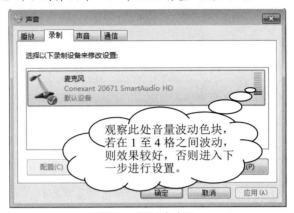

观察此处音量波动色块,若在1至4格之间波动,则效果较好,否则进入下一步进行设置。

图7-2 测试麦克风

02 **设置麦克风** 若麦克风测试的效果不佳,则可按图7-3所示操作进行设置。设置完后继续进行测试,满意后单击"确定"按钮,关闭对话框。

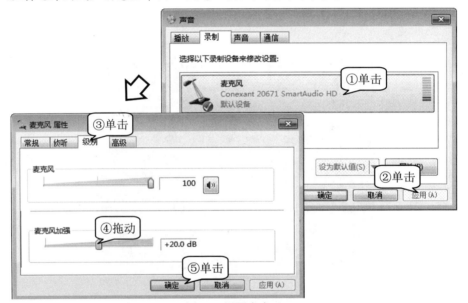

图7-3 设置麦克风

■ 分离音频

打开"会声会影"软件,将视频素材插入视频轨,将原视频中的音频分离出来,并删除分离出来的音频。

01 **运行"会声会影"软件** 双击桌面上的图标 ,打开"会声会影"软件。
02 **插入视频素材** 按图7-4所示操作,将准备好的视频素材插入视频轨中。

图7-4　插入视频素材

03　分离音频　按图 7-5 所示操作，将视频素材中的音频分离出来。

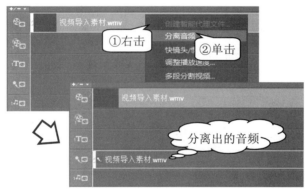

图7-5　分离音频

04　删除音频　选中分离出来的音频，按 Delete 键，将其删除。

 注意，在分离音频后，如果我们需要保留的是音频部分，可以将视频轨中的视频部分删除。

■ 录音过程

运行"会声会影"软件，打开"录音/捕捉"选项，选择画外音，开始录音。录音完成后，插入练习题素材并调整播放时间，最后输出视频文件。

01　开始录音　按图 7-6 所示操作，开始录音。
02　停止录音　录制结束后，只需按 Esc 键或空格键即可完成录音。
03　输出视频　打开输出界面，根据需要设置相关属性，将视频输出到指定位置。

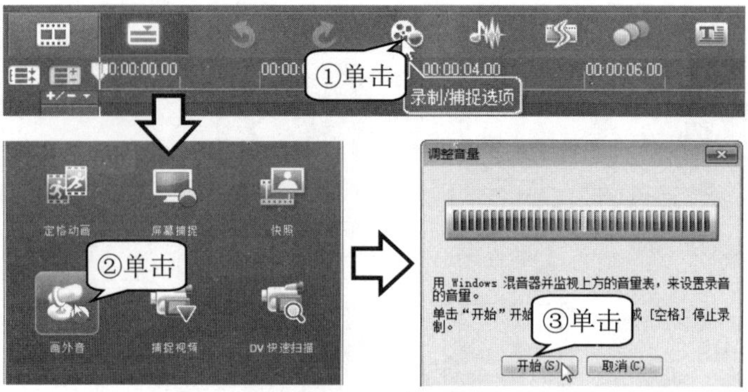

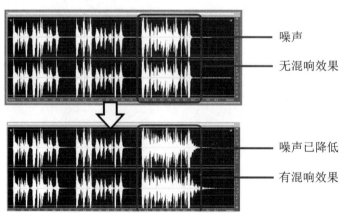

图7-6 开始录音

 注意，录音的时长要尽可能地与视频播放时长保持一致。

7.1.2 优化音频素材

在制作微课时，文科教师需要录制对课文片段的朗读。但是，通常在使用麦克风录制音频时，由于录音设备与环境的限制，往往会有一些噪声也随之被录入音频文件中。为使录制的声音更加清晰，可以使用降噪技术降低其中的噪声。此外，还可以使用混响效果，以增强作品的感染力。

实例2 过零丁洋

本例是北师大版《语文》七年级下册第三单元第6课微课"过零丁洋"中的内容。本实例是教师为了让学生更有意境地去理解文章而录制的课文片段朗读，需要处理其中的噪声，效果如图7-7所示。

图7-7 微课"过零丁洋"音频效果图

在优化音频之前，需要准备好音频素材"背景音乐.wma""朗读人声.wma"和音频处理软件Adobe Audition。

■ 降低噪声

运行 Adobe Audition 软件，将准备好的音频素材导入文件列表中，双击音频素材进入编辑视图，选中需要降噪的片段，进行降噪处理。

01 运行软件 双击桌面上的 Adobe Audition 软件图标，运行软件，进入如图 7-8 所示的使用界面。

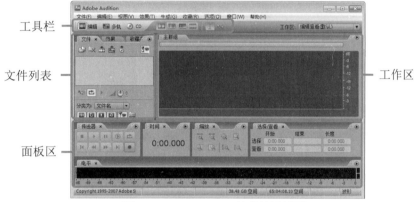

图7-8　Adobe Audition软件使用界面

02 导入音频 单击工具栏中的 多轨 按钮，按图 7-9 所示操作，将两个音频文件导入文件列表中。

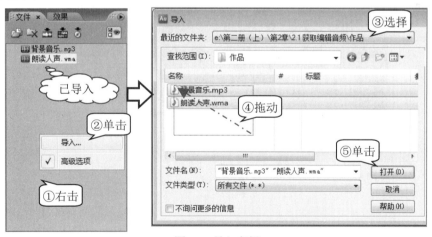

图7-9　导入音频

03 进入编辑视图 按图 7-10 所示操作，在编辑视图中打开音频素材"朗读人声.wma"。

图7-10　进入编辑视图

04 选中噪声片段　按图7-11所示操作，选中朗读人声末尾处仅有环境噪声的片段。

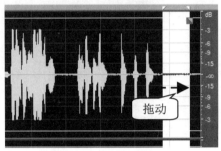

图7-11　选中噪声片段

05 进行降噪　按图7-12所示操作，对"朗读人声"音频进行降噪。

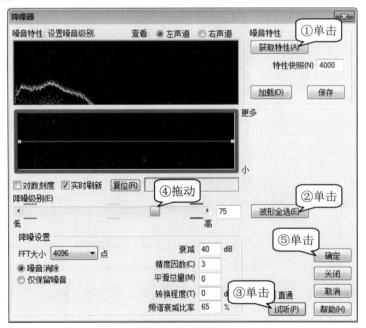

图7-12　进行降噪

■ 人声混响

分别在"音轨 2"和"音轨 3"中添加混响效果,选择预设效果,调节音轨音量,试听后,保存文件并导出音频。

01 添加混响效果 按图 7-13 所示操作,为"音轨 2"添加"房间混响"效果。

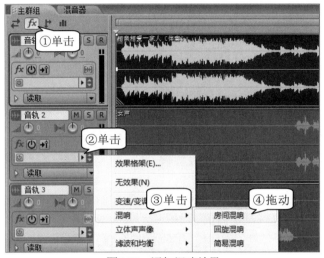

图7-13 添加混响效果

02 选择预设效果 按图 7-14 所示操作,选择混响效果。

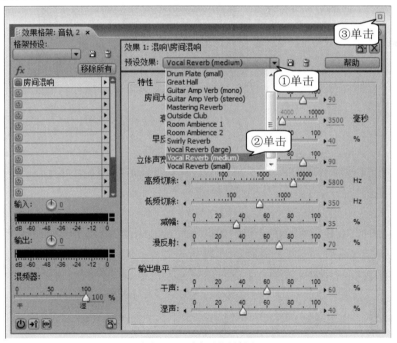

图7-14 选择预设效果

03 添加其他音轨混响 按前面的方法,对"音轨 3"进行相同的设置。完成后,效果如图 7-15 所示。

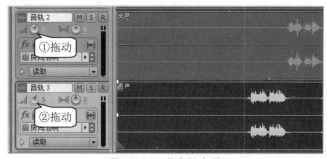

图7-15 添加其他音轨混响

04 调节音轨音量 单击"传送器"面板中的 ▶ 按钮,试听全部音频。试听后发现音轨 2 与音轨 3 音量偏小,按图 7-16 所示操作,调节两个音轨的音量。

图7-16 调节音轨音量

05 保存文件 选择"文件"→"保存会话"命令,保存文件。
06 导出音频 选择"文件"→"导出"→"混缩"命令,将 3 个音轨混合为一个音频文件,保存为"过零丁洋.mp3"。

7.1.3 添加背景音乐

在制作微课时,文科教师可能会用到对课文片段的朗读内容,但是,通常情况下课文的朗读音频、背景音乐和视频内容很难达到授课教师的要求,这就需要在微课后期处理过程中使用一些技术手段来实现。为微课添加合适的背景音乐,可以让学习的氛围更轻松,让学习者心情更愉悦。

实例3 背影(添加背景音乐)

本例是人教版《语文》八年级上册第二单元第 7 课微课"背影"中的内容。本实例是教师为了让学生更有意境地理解文章而制作的一个影视课文片段,为微课添加了与父爱主题相关的背景音乐,效果如图 7-17 所示。

图7-17　微课"背影"影视课文效果

在制作影视片段之前，教师需要准备好视频素材"背影 片段.wmv"、课文朗读音频"背影课文朗读.mp3"，以及只需要其背景音乐的视频"父亲的爱.wmv"。

■ **准备素材**

从视频素材中将音频分离出来，并将分离出的音频输出为音频文件，作为影视课文的背景音乐。

01 分离音频　运行"会声会影"软件，将视频"父亲的爱.wmv"插入视频轨中，并进行分离音频的操作，再将视频轨中的素材删除，只保留音频。

02 输出音频　打开输出界面，按图 7-18 所示操作，将分离出来的音频输出为音频文件。

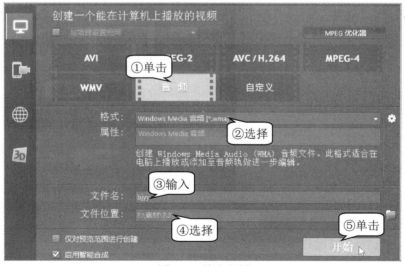

图7-18　输出音频

■ **添加音频**

插入视频素材，并设置视频为静音；分别在声音轨和音乐轨中添加课文朗读的音频素材和背景音乐。

01 插入视频　将已准备好的视频素材插入视频轨中。

02 设置静音　按图7-19所示操作，将视频设置为静音。

03 插入音频　分别将课文朗读的音频素材和背景音乐插入声音轨和音乐轨中，效果如图7-20所示。

图7-19　设置静音

图7-20　插入音频

04 输出视频　打开输出界面，根据需要设置相关属性并将视频输出到指定位置。

1. 录制/捕捉选项

"录制/捕捉选项"由9个部分组成，如图7-21所示。

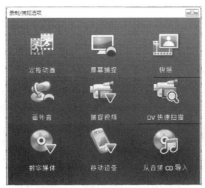

图7-21　录制/捕捉选项

这9个部分的功能简述如下。

- 定格动画、捕捉视频：指通过摄像头捕捉获取素材。
- 屏幕捕捉：用来捕捉获取计算机屏幕的视频素材。
- 快照：以图片的形式获取视频演示区中的内容。
- 画外音：录制音频，给视频素材配音。
- DV快速扫描、移动设备：获取外部设备中存储的素材资源。
- 数字媒体：获取计算机、移动存储设备及光盘中的素材资源。
- 从音频CD导入：获取CD光盘中的音频资源。

2. 轨道管理器

轨道管理器是用来设置管理视频编辑区中各类轨道数量的管理器。在视频编辑区中右击鼠标，选择轨道管理器即可打开"轨道管理器"对话框，如图7-22所示，默认的各类轨道数量都为 1；视频轨和声音轨都只有 1 个轨道，但覆盖轨(覆叠轨)最高可设置为 20 个轨道，标题轨最高可设置为 2 个轨道，音乐轨最高可设置为 3 个轨道。

图7-22　轨道管理器

01 录制一段课文朗读音频，并对其进行降噪处理。
02 对音频素材"朗读人声.wma"进行简单的混响处理。

7.2　设置微课字幕

微课字幕是根据内容添加相应的说明文字，使微课结构更完整，画面更丰富，主题更突出，让观看者更容易理解微课内容。微课中的字幕一般可分为片头字幕、主体字幕和片尾字幕三部分，其中片头和片尾字幕主要以标题型的字幕为主，主体字幕主要以授课教师的讲解内容为主。

7.2.1　添加标题字幕

微课开始或结尾要有醒目的标题，在关键操作时要有文字提示。无论是微课标题还是文字提示，都可以使用 Camtasia Studio 软件注释或字幕工具插入文字。Camtasia Studio 软件有多种类型的注释，可以为微课添加标题文字和关键环节的提示文字。

实例 4　认识 Word 软件

本例是安徽省小学《信息技术》第 3 册第 1 课微课"认识 Word 软件"中的内容。本实例使用 Camtasia Studio 软件的注释工具添加标题文字，效果如图 7-23 所示。

图7-23　微课"认识Word软件"片头效果

使用 Camtasia Studio 软件给微课视频添加注释,编辑注释文字为标题内容,即为微课添加标题字幕。

跟我学

01 导入视频　运行 Camtasia Studio 软件,按图 7-24 所示操作,导入视频到媒体箱。

图7-24　导入视频

02 添加视频到轨道　按图 7-25 所示操作,把"认识 Word 软件"视频添加到"轨道 1"。

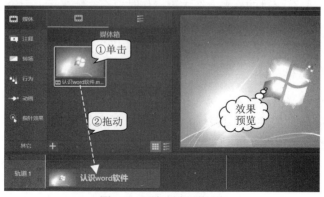

图7-25　添加视频到轨道

03 添加标题文字 Camtasia Studio 软件有多种类型的注释,每种注释又有多种样式。按图7-26所示操作,使用注释工具添加标题文字。

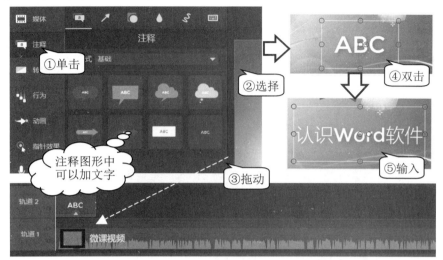

图7-26 添加标题文字

04 设置文字格式 按图7-27所示操作,完成文字格式设置。

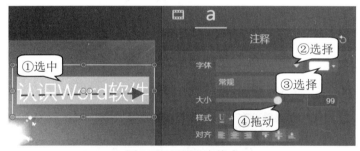

图7-27 设置文字格式

05 调整文字位置 按图7-28所示操作,完成文字位置和显示区域设置。

图7-28 调整文字位置

06 保存文件 最终完成的设置效果如图7-23所示,选择"文件"→"保存项目"命令,保存编辑好的文件。

 知识库

1. 注释的控制点

在给微课添加文字注释时，要根据需要来调整文字注释的大小、移动位置或变换角度。被选中的文字注释有 10 个控制点，拖动控制点可改变文字注释的大小，多次反复调整可取得理想效果，通过圆形控制手柄可改变显示的位置、宽度和高度，还可以旋转角度，其控制点作用如图7-29 所示。

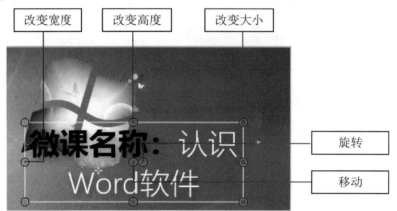

图7-29　注释的控制点

2. 改变文字显示时段

在微课中，对于文字显示的起止时间，可以在时间轴上进行设置，如图 7-30 所示。

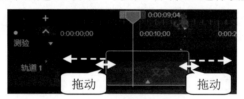

图7-30　改变文字显示时段

3. 注释的类型和样式

在给微课添加注释时，有以下几种类型和样式可选：①"文字"注释，包括思想气泡、箭头和纯文本；②"箭头和线条"注释，包含双箭头、虚线或实线等；③"形状"注释，可以向视频添加各种形状；④"特殊"注释，是使用模糊、像素化、高亮或可单击的热点效果来增强媒体；⑤"草图运动"注释，可以在一段时间内在屏幕上绘制动画。注释的类型和样式如图 7-31 所示。

 "文字""箭头和线条""形状"3 种注释又有"抽象""基础""粗体"等多种可选样式。

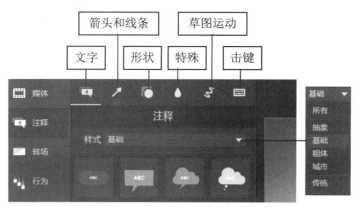

图7-31 注释的类型和样式

7.2.2 同步内容字幕

微课片头多使用静态文字,在微课讲解过程中添加同步文字,可以避免产生语音听不清的问题。为微课添加文字既可以使用注释,也可以使用字幕文件,轻松实现讲解声音与文字同步出现。

实例5 复习萃取-分液与蒸馏(同步内容字幕)

本例是人教版《化学》高中一年级微课"复习萃取-分液与蒸馏"中的内容。本实例运用Camtasia Studio中的字幕文字添加功能,为讲解声音添加同步文字,效果如图7-32所示。

图7-32 微课"复习萃取-分液与蒸馏"添加同步字幕效果

使用Camtasia Studio软件给微课添加字幕并设置字幕显示时间段,与讲解声音相匹配,就能达到为讲解声音添加同步文字的效果。

跟我学

01 导入视频 运行Camtasia Studio软件,新建项目,导入"微课视频.mp4"文件。

02 添加字幕 将"微课视频.mp4"视频添加到"轨道1"中,按图7-33所示操作,完成字幕文字的添加,以及字幕文字格式的设置。

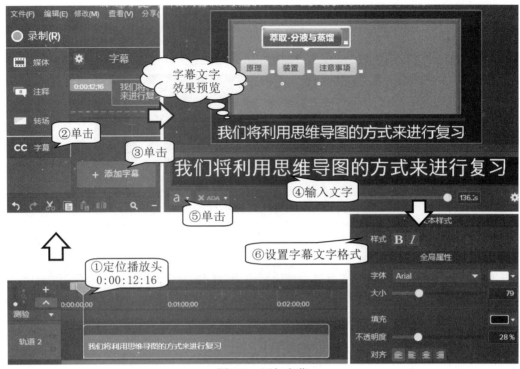

图7-33 添加字幕

03 设置字幕时长 按图7-34所示操作，调整文字显示时长与声音同步。

图7-34 设置字幕时长

04 试听效果 从上一步添加的文字处开始播放，检查字幕与声音是否同步，效果理想后，保存文件。

05 继续添加字幕 按图7-33添加字幕和图7-34调整字幕时长的操作方法，将后面的声音配上字幕，保存文件。

 知识库

1. 播放头定位

在编辑微课过程中，有时需要快速移动播放头，可将轨道中的视频缩小显示；有时需要精确定位播放头，例如，在寻找两个不同场景之间的时间点时，需要精确到0.01秒，在确定大致位置后，可把轨道中的视频尽量放大显示。有关操作技巧如图7-35所示。

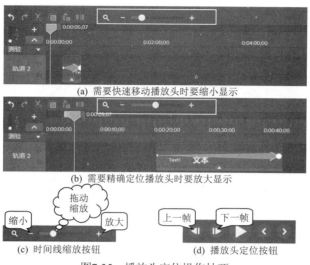

图7-35　播放头定位操作技巧

2. 同步字幕

若想让微课中的讲解有文字显示，可以使用同步字幕来实现。注意，把要讲解的文字输入文本文件中时，不使用标点符号，因为文字随着讲解出现，有标点符号反而不好操作。

- **添加同步字幕**：复制全部文件后，按图7-36所示操作，完成同步字幕设置。在执行第3步操作时，系统会从头开始播放，听到一句话的第一个字时，就单击该句第一个字，听到下一句时，就单击下一句的第一个字，以此类推，直到把最后一句读完，单击"停止"按钮，完成同步字幕添加。

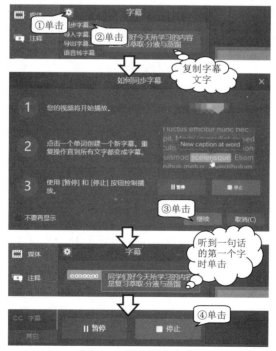

图7-36　添加同步字幕

- 调整字幕与声音同步：字幕添加完成后，要对字幕显示时段进行调整，没有声音的部分不显示字幕。按图7-37所示操作，完成字幕显示时段的调整，以使文字比时间出现得略微早半秒从而符合人的认知规律。

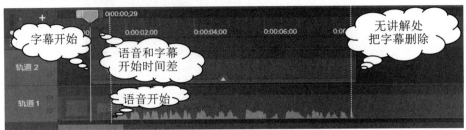

图7-37　调整字幕与声音同步

7.2.3　设置动态字幕

在微课讲解关键操作时加上字幕，可加强学习者对学习内容的记忆，也可让课程脉络更加清楚。微课中的文字不仅可以静态显示，使用行为工具也可以设置动态文字效果。

实例6　复习萃取-分液与蒸馏(设置动态字幕)

本例是人教版高中一年级《化学》微课"复习萃取-分液与蒸馏"中的内容。本实例运用 Camtasia Studio 在片尾添加动态文字，效果如图 7-38 所示。

　　字幕开始进入　　　　　　字幕完全显示　　　　　　字幕逐渐退出

图7-38　微课"复习萃取-分液与蒸馏"片尾添加动态文字效果

使用 Camtasia Studio 软件的注释工具为微课添加字幕，设置文字格式，为字幕添加"行为"，即为微课添加动态字幕。

跟我学

01　导入视频　运行 Camtasia Studio 软件，导入"微课视频.mp4"视频到媒体箱。

02　添加字幕　将媒体箱中的"微课视频.mp4"添加到"轨道 1"中，使用注释工具，按图 7-39 所示操作，添加字幕，并调整位置和显示区域。

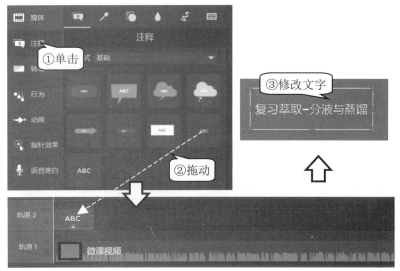

图7-39 用注释工具添加字幕

03 设置文字格式 按图 7-40 所示操作,完成文字格式的设置。

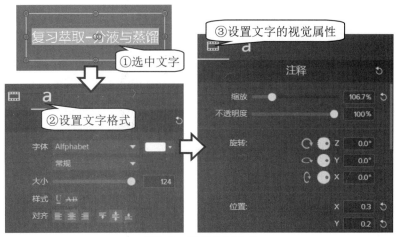

图7-40 设置文字格式

04 设置文字"行为" 按图 7-41 所示操作,给文字添加"行为",并设置"行为"属性。

05 保存文件 设置"行为"属性结束后,选择"文件"→"保存项目"命令,将文件以"动态字幕.camproj"为名保存。

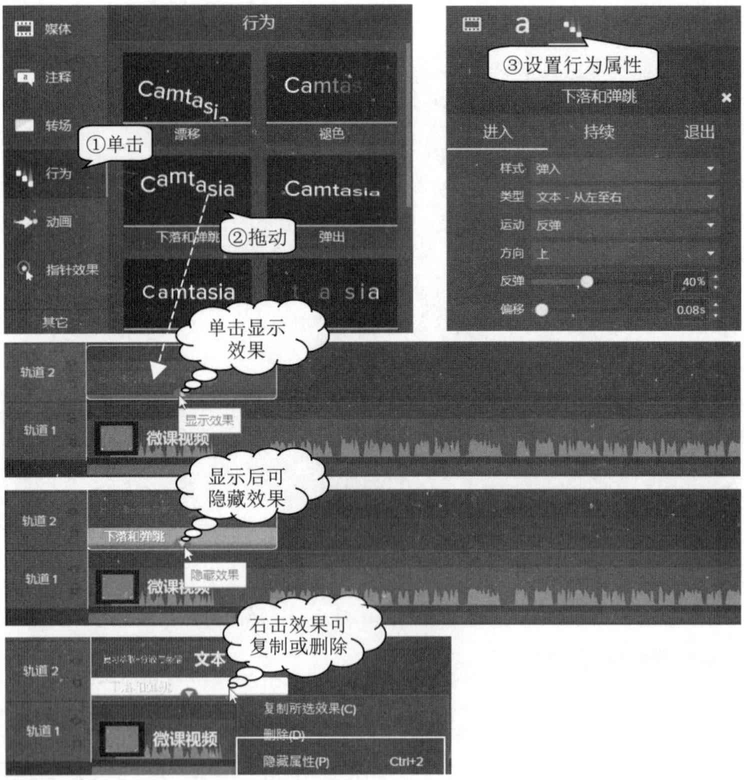

图7-41 设置文字的"行为"属性

知识库

1. 设置动态文字

Camtasia Studio 软件可以设置动态文字效果,包括"进入""持续""退出"3 种分类,每一种分类均有样式、类型、运动、方向、速度等选项,可以通过设置这些属性,让文字的动态效果更加精美,如图 7-42 所示。

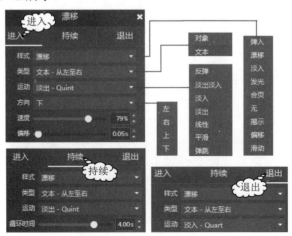

图7-42 设置动态文字

2. 使用"动画"设置动态字幕

除可以使用"行为"制作动态字幕，还可以使用"动画"制作动态字幕。使用以前所学的知识，给文字添加动画，分别在动画的起点、中点、终点位置调整文字的位置、缩放和旋转角度，即可制作出如图7-43所示的平移、旋转和缩放动态文字效果。

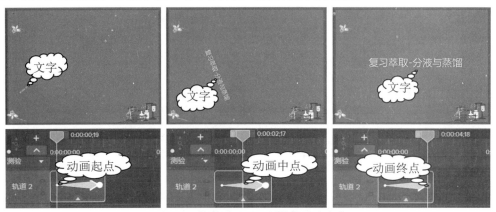

图7-43　使用"动画"制作的动态字幕

创新园

01　为微课"背影.wmv"制作片尾，并添加片尾标题字幕。
02　为微课"背影.wmv"批量添加内容字幕，并实现字幕与视频同步。

7.3　编辑视频特效

在微课后期处理中，适当添加一些视频特效，可以提高视频的审美标准，增加微课的视觉冲击；也可以通过覆叠轨制作特写特效来让学生同步看一些细节。总之，合理地给微课视频添加特效可以让其教学效果更佳。

7.3.1　删除视频背景

在微课录好进行编辑过程中，有时需要插入其他视频，有时要去除视频背景，对于纯色背景的视频，在Camtasia Studio软件中可以很方便地删除。

实例7　太阳能从西边升起吗

"太阳能从西边升起吗"是人教版《物理》必修(一)第一章第1节微课"质点 参考系和坐标系"课后作业中的一道选择题。本实例运用Camtasia Studio添加视频功能添加地球自转小视频，原来的背景是黑色，为了使视频效果更好，要把黑色的背景删除，删除后的效果如图7-44所示。

使用Camtasia Studio软件，把需要添加到微课的视频拖入新轨道后，调整大小和位置，即给微课添加了视频。使用Camtasia Studio软件的视觉效果"删除颜色"，可以删除纯色的背景。

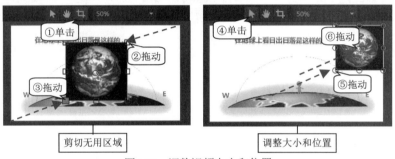

图7-44　微课"太阳能从西边升起吗"效果图

跟我学

01 打开项目　运行 Camtasia Studio 软件,打开"太阳能从西边升起吗.camproj"项目文件。

02 导入素材　将视频"地球.mp4"导入媒体箱中,将视频"地球.mp4"拖入"轨道 2"中,并调整位置。

03 调整视频大小和位置　按图 7-45 所示操作,完成"地球.mp4"视频的大小和位置的调整。

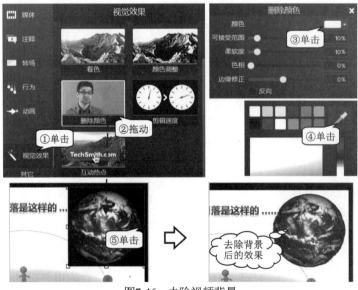

图7-45　调整视频大小和位置

04 去除视频背景　按图 7-46 所示操作,完成"地球.mp4"视频背景的去除。

图7-46　去除视频背景

05 保存项目 按 Ctrl+S 键,保存项目后,生成视频并查看视频效果。

1. 视频时间对齐提示

在设置画中画效果时,需要调整上层画面的显示时间。从某一时间开始或结束,有时需要与下面某个画面的开始对齐或结束对齐,可以新建一个空轨道,把要做画中画的视频拖放到新建的轨道上,然后拖到要显示的大致位置,再慢慢拖动,当拖到出现黄色线时,说明两个视频开始或结束的时间相同,释放鼠标即可,操作如图 7-47 所示。

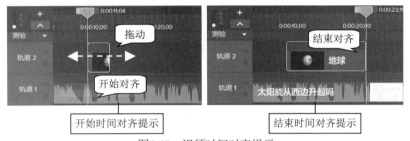

图7-47 视频时间对齐提示

2. 人像视频拍摄注意事项

Camtasia Studio 软件可以很方便地删除纯色的背景视频,但如果背景比较杂乱,则删除效果就不会很好。因此,如果微课中需要教师出镜,那么在前期的拍摄中,需要注意使用纯色背景,如蓝色是人类皮肤颜色的补色,删除背景时比较容易,或者使用纯绿色背景,也比较容易和人像分离。无论使用蓝色还是绿色作为拍摄背景,在拍摄时都要保证光线的均匀,同时被拍摄者的衣服不要有与背景色接近的颜色,否则会影响背景颜色的删除效果。

7.3.2 设置视频转场特效

微课中的视频由不同场景组成,在各场景之间的过渡中添加一些转场效果,可使微课画面流畅自然,避免给人以生硬的感觉。好的过渡效果能使两个不同场景连接得天衣无缝,给学习者以美的享受。

实例8 上传空间照片

本例是安徽省《信息技术》初中二年级微课"上传空间照片"中的内容。本实例运用 Camtasia Studio 软件来设置不同场景之间的转场效果,如图 7-48 所示。

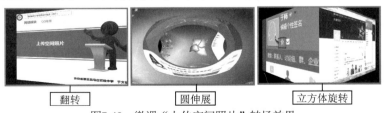

图7-48 微课"上传空间照片"转场效果

Camtasia Studio "转场"工具中提供有"褪色""翻转""折叠"等切换选项。为微视频片段添加转场效果，可以先根据内容为视频片段逐一添加切换效果，再调整转场的方式、时长等参数。

跟我学

01 导入项目文件 运行 Camtasia Studio 软件，打开"上传空间照片.camproj"项目文件。

02 添加转场 按图 7-49 所示操作，添加"翻转"转场效果。

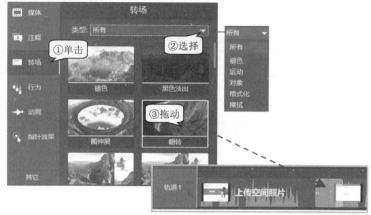

图7-49　添加"翻转"转场效果

03 继续添加转场效果 按图 7-50 所示操作，完成后面 3 个场景之间的"圈伸展"和"立方体旋转"转场效果。

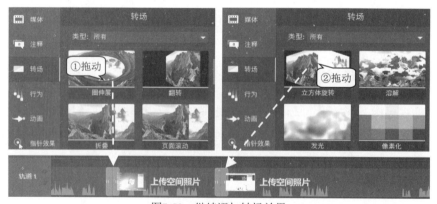

图7-50　继续添加转场效果

04 播放预览 转场效果设置好后，视频转场截图如图 7-48 所示。

知识库

1. 设置转场效果

- **快速添加所有转场**：把所有视频之间的转场设置为相同，可按图7-51所示操作，框选轨道素材，然后把转场效果拖动至素材上，即可在所有视频之间设置相同的转场。

图7-51　框选轨道素材

- **转场效果删除**：如果不想要已经添加的转场效果，可以在视频转场上单击，直接按Delete键，或者右击转场，在弹出的菜单中选择"删除"命令。
- **转场效果替换**：对已添加的转场效果不满意时，可把想用的转场拖放到以前的转场上，即可替换掉原来的转场。
- **调整转场时长**：如果感觉转场效果太快，可以按图7-52所示操作，向右拖动延长转场时间。

图7-52　调整转场时长

2. 设置剪辑速度

在编辑微课视频时，有时候存在一些冗长、低效但又不可删除的部分，如一些技能性的操作视频，如果操作过程并非关键步骤，可以设置剪辑速度，以加速视频播放，从而让微课视频更加紧凑。按图7-53所示操作，可以给微课设置剪辑速度。

图7-53　设置剪辑速度

7.3.3 设置画中画效果

微课制作后期，在主要视频上面再加入一些操作视频或其他视频，可对学习内容起到补充作用，更利于学习者对学习内容的理解。

实例9　轴对称图形

本例是苏教版小学三年级《数学》微课"轴对称图形"中的内容。本实例运用 Camtasia Studio 软件添加画中画，效果如图 7-54 所示。

图7-54　微课"轴对称图形"画中画效果

根据以前所学知识，在 Camtasia Studio 软件中复制轨道上的微课视频片段，裁剪后调整大小，然后粘贴到新轨道中，调整至合适的位置，即可实现画中画效果。

跟我学

01 打开项目　运行 Camtasia Studio 软件，打开"轴对称图形.camproj"项目文件。

02 复制视频　复制 1 分 23 秒到 2 分 33 秒的视频。

03 剪裁视频　把视频中动画以外的无用信息剪裁掉。

04 设置画中画　把剪裁好的视频移到微课开始处，放在右上角，调整大小。

05 复制视频　复制刚才做好的画中画视频，在新轨道中粘贴，稍微向后推迟几秒，把它放到左上角，效果如图 7-54 所示。

7.3.4 设置重点提示效果

微课的讲解过程中，可以在特别重要的内容上添加一些线条、标注、高亮显示等，以起到强调重点的作用，让学习者将注意力放到教学重点上。

实例10　合唱评分巧计算

本例是科学版八年级《信息技术》下册微课"合唱评分巧计算"中的内容。本实例通过 Camtasia Studio 软件"屏幕绘制"功能，运用横线、矩形框对重点内容进行强调，效果如图 7-55 所示。

Camtasia Studio 软件的"屏幕绘制"工具可以在录制屏幕的同时实现画线条、椭圆和矩形标注、高亮显示等效果。本实例使用"屏幕绘制"工具为微课的重点内容添加了横线和框架。

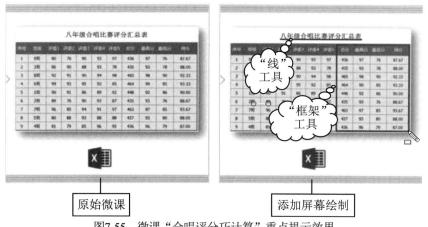

图7-55 微课"合唱评分巧计算"重点提示效果

跟我学

01 设置"屏幕绘制"组合键 运行 Camtasia Studio 软件,按图 7-56 所示操作,设置"屏幕绘制"工具的组合键为 Ctrl+Shift+D。

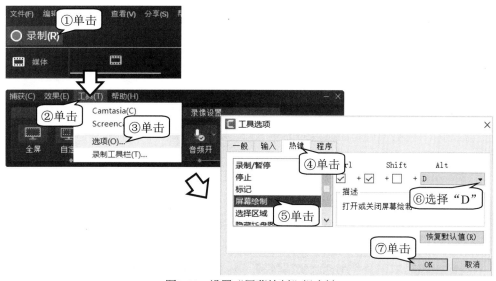

图7-56 设置"屏幕绘制"组合键

02 录制视频 打开"合唱评分巧计算"文件夹中的"合唱评分巧计算.mp4"文件,按图 7-57 所示操作,调整录制画面并开始录制。

03 打开"屏幕绘制" 在录制播放中的视频时按 Ctrl+Shift+D 组合键,"屏幕绘制"工具将出现在录制区域的下方,如图 7-58 所示,选择其中的"线"工具或"框架"工具,在正在录制的屏幕的合适位置上画线。

04 保存并查看效果 视频播放完后,按 F10 键停止录制,对录制的文件进行适当编辑后,按 Ctrl+S 键保存编辑好的文件,生成视频文件即可查看最终效果。

图7-57 调整录屏区域并录制

图7-58 "屏幕绘制"工具

1. 使用屏幕绘制工具

单击"屏幕绘制"每个工具右侧的下拉按钮,即可看到"工具""颜色""宽"3个可选项,选择不同的选项,就会出现对应颜色的工具,有"框架""高亮""椭圆""笔""线""箭头"6种,每种工具的具体位置如图7-59所示。单击鼠标可更换工具和颜色,按键盘的Esc键,可退出当前工具。每种工具和颜色所对应的快捷键,在图7-59中也展示出来。因为边录屏边在屏幕上绘制,效率不高,而使用快捷键能快速地转换工具和颜色,所以记住每种工具和颜色的快捷键很有必要。

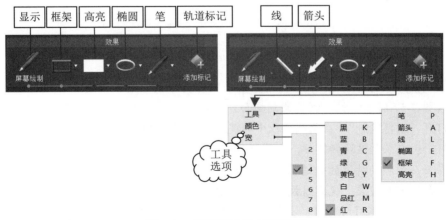

图7-59 "屏幕绘制"工具选项

2. 轨道标记

对于一些需要设置屏幕绘制的时间点，依靠观察和记忆，会很不准确。利用屏幕绘制的轨道标记功能，可在屏幕绘制的过程中给轨道添加标记，依靠标记可快速找到对应的时间节点，可更加高效方便地编辑微课。图 7-60 所示为被添加标记的轨道。

图7-60　轨道标记

创新园

01　为微课"如何添加影片字幕"批量添加内容字幕。
02　为微课"文件搬进新的家"添加专属 Logo。

7.4　添加交互练习

测试练习与视频配套，是微课的重要组成部分，通过设置相关的测试题，学习者在学习完某一知识点后可及时检测，若通过检测，可继续学习后一部分知识；若回答有误没有通过检测，可设置跳转，重新学习，直到掌握该知识点。

7.4.1　制作客观练习题

采用哪种题型是由测验目的、内容、规模及各种题型的特点几方面决定的。因为测验是对某些知识的理解、判断，所以可采用客观性测验题。

实例 11　声音的产生

本例是八年级上册第二章第一节"声音的产生"微课中的测试题，运用多种方法和常见材料来"制造声音"，以体验声音的产生是由于物体的振动引起的，通过观察、比较，将声音的产生与物体振动建立起联系。测验试题效果如图 7-61 所示。

Camtasia Studio 软件的测验中提供了"多项选择题""填空题""判断题""简答题"4 种问题类型，可以根据情况制作测验。本实例中使用了"多项选择题"与"判断题"类型。

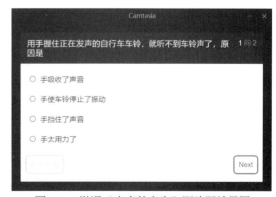

图7-61　微课"声音的产生"测验题效果图

跟我学

01 确定测试位置 运行 Camtasia Studio 软件，打开项目文件"声音的产生"，按图 7-62 所示操作，确定添加测试的位置。

图7-62 确定添加测试的位置

02 新建测验 选择"修改"→"测验"→"添加时间轴测验"命令，新建测验。

03 输入测验名称 按图 7-63 所示操作，添加测验名称"声音的产生测验"。

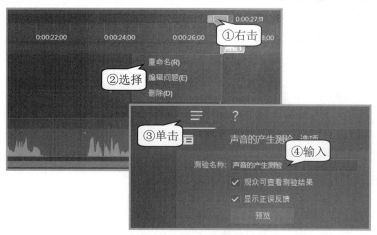

图7-63 输入测验名称

04 选择问题类型 按图 7-64 所示操作，选择当前测验的类型是"多项选择题"。

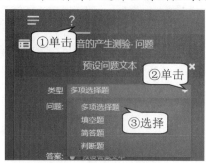

图7-64 选择问题类型

05 输入题干 按图7-65所示操作,输入题干"用手握住正在发声的自行车车铃,就听不到车铃声了,原因是(　)。"。

图7-65　输入题干

06 输入选项 按图7-66所示操作,在"答案"文本框中依次添加A、B、C、D 4个答案选项。

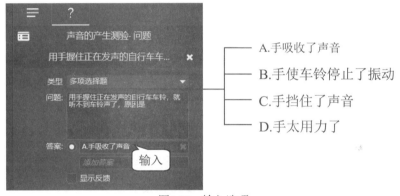

图7-66　输入选项

 输入题干与选项,可以使用直接输入的方法,也可以采用"复制""粘贴"的方法快速地输入文本。

07 选择正确答案 按图7-67所示操作,选择正确答案"B.手使车铃停止了振动"。

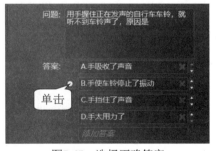

图7-67　选择正确答案

 此处类型虽为"多项选择题",但只能选择一个正确答案,只需单击选项前面的复选框,即可更换选中项。

08 设置反馈 按图 7-68 所示操作,可对答题后的结果做出反馈,若回答正确,则显示提示语"回答正确",并执行继续播放操作。

图7-68 设置反馈

09 预览测验效果 按图 7-69 所示操作,预览并测试测验的效果。

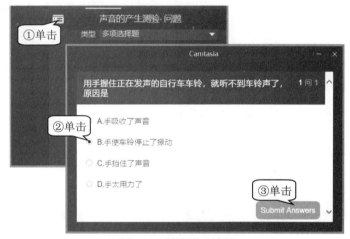

图7-69 预览测验效果

10 添加问题 按图 7-70 所示操作,添加问题,选择问题类型为"判断题"。

图7-70 添加问题

11 输入题目 用上面同样的方法输入题干与选项,完成判断题的制作。
12 查看效果 单击"预览测验外观"按钮,查看判断题的效果;选择"文件"→"保存项目"命令,保存项目。

7.4.2 制作主观练习题

在 Camtasia Studio 中可以制作填空题与简答题，制作方法与选择题和判断题一样，如果遇到带图的选择题或简答题，可以通过 PowerPoint 自定义动画中的触发器功能来实现。

实例 12　原电池原理

通过本实例微课内容让学生了解原电池是将化学能转换为电能的装置、原电池的构造与工作原理、构成原电池的条件。在学习完微课后，需要对学生的学习情况进行检测，如图 7-71 所示。

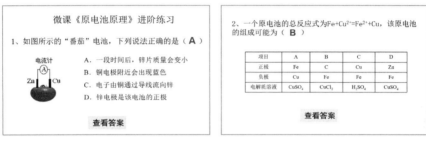

图7-71　微课"原电池原理"测验题目

使用 PowerPoint 自定义动画中的触发器，可以单击某个对象触发自定义动画的产生，如图 7-71 左图所示，单击"查看答案"按钮，答案"A"即会显示在题干的括号内。

跟我学

01　设置自定义动画　运行 PowerPoint 软件，打开课件"原电池原理进阶练习.ppt"。按图 7-72 所示操作，设置文本框的出场方式是"进入-随机线条"效果。

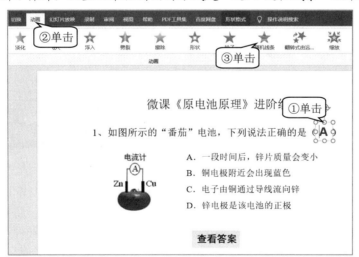

图7-72　设置文本框的自定义动画效果

02　设置触发器　按图 7-73 所示操作，设置答案"A"的出场方式是单击"查看答案"按钮。

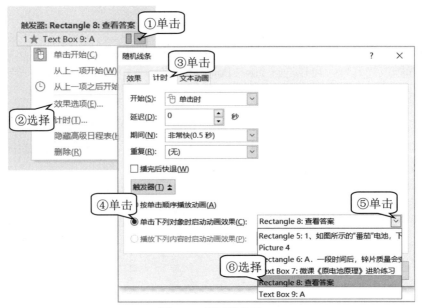

图7-73 设置触发器

03 **录制进阶练习1** 按图7-74所示操作,单击"录制"按钮,边讲解边录制"原电池原理"的进阶练习。

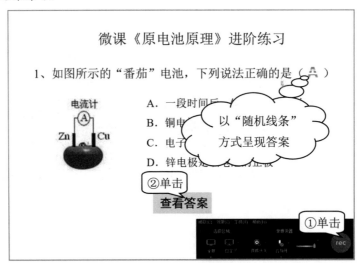

图7-74 录制进阶练习1

04 **录制进阶练习2** 单击鼠标,切换到第2张幻灯片,按图7-75所示操作,边讲解边继续录制练习2。

05 **保存录制文件** 讲解完毕,按F10键停止录制,并保存录制好的视频文件。

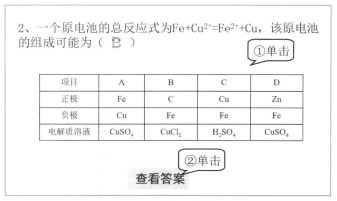

图7-75　录制进阶练习2

7.5　生成分享微课

优质的微课资源可以满足学生对不同学科知识点的个性化学习、按需选择学习，既可查缺补漏又能强化巩固知识，是传统课堂学习的一种重要补充和拓展资源。微课在网络中分享的方式多种多样，制作好的微课需根据分享方式的不同生成不同的格式。

7.5.1　生成微课

生成微课视频分为两种情况：一种是微课中没有添加测验题，在视频编辑结束时选择高清格式导出即可；另一种是微课中添加了测验题，生成视频时会有一些特殊的要求，不符合要求可能会使添加的测验失效。

实例13　It强调句型基本用法

本例是近年来的高考热点，学生对它已有一定的了解，但是还有学生分不清它的基本考点，更不用说对它的熟练掌握和运用。因此，此微课以高考"It强调句型基本用法"为依托，从认知到运用，由浅入深，有针对性地设计强调句型的专项微课，通过对该句型基本用法的总结归纳，让学生可以熟练地掌握该语法。微课"It强调句型基本用法"测验题效果如图7-76所示。

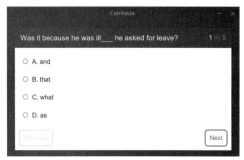

图7-76　微课"It强调句型基本用法"测验题效果

在 Camtasia Studio 软件中，带测验的视频文件只能发布成"MP4-Smart Player (HTML5)"格式，使用视频发布向导，可以按要求方便生成视频文件。

跟我学

01 打开项目文件　运行 Camtasia Studio 软件，打开项目文件"It 强调句型基本用法"。

02 选择自定义生成设置　按图 7-77 所示操作，选择"自定义生成设置"。

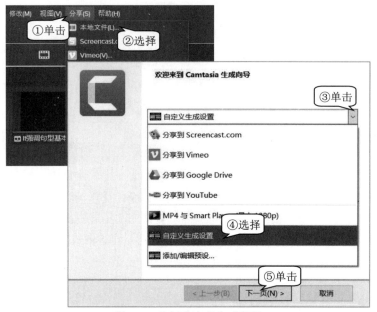

图7-77　选择自定义生成设置

03 选择视频格式类型　按图 7-78 所示操作，选择发布的视频格式类型为"MP4-Smart Player (HTML5)"。

图7-78　选择视频格式类型

04 设置智能播放器选项　按图 7-79 所示操作，设置智能播放器选项。

图7-79　设置智能播放器选项

05 设置测试结果接收邮箱　按图 7-80 所示操作，输入收集测试结果的电子邮箱地址，以及允许学生匿名参加测试。

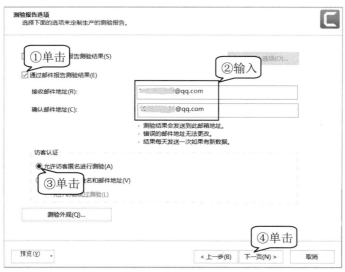

图7-80　设置测试结果接收邮箱

06 输出视频文件　按图 7-81 所示操作，渲染项目后输出视频文件，文件名为"It 强调句型基本用法"。

图7-81 输出视频文件

1. 进阶练习的题型

微课中的进阶练习是重要的组成部分,如图 7-82 所示,Camtasia Studio 软件可以制作的进阶练习题型有选择题、判断题、填空题与简答题等。

图7-82 进阶练习的题型

2. 测验练习的呈现方式

Camtasia Studio 软件在图片处理、表格处理方面的欠缺对测验的制作方面影响很大，如化学方程式、复杂的数学公式、带表格或带图片的题目在 Camtasia Studio 的测验功能中无法实现，此时可以采用在课件中制作等方式进行弥补。

7.5.2 分享微课

微课资源可以有效拓展教学的时间、空间，学生在不同时间、地点可以通过微课资源进行自主学习。微课制作好后一般存在本地计算机的磁盘中，可以将微课资源上传到 QQ 群或云盘中，供学生浏览或下载。

跟我学

01 添加应用 登录腾讯 QQ，单击 QQ 主面板右下方的"打开应用管理器"按钮，按图 7-83 所示操作，将微云添加到主面板中。

图7-83　添加应用

02 打开腾讯微云 单击 QQ 主面板上的"微云"按钮，打开微云。
03 上传微课 按图 7-84 所示操作，将制作好的微课上传到微云中。
04 分享微课 按图 7-85 所示操作，将复制的链接发给学生或班级群内，即可分享微课。
05 下载并观看微课 按图 7-86 所示操作，将微课下载到 E 盘，使用播放软件打开微课"影片字幕.mp4"即可观看。

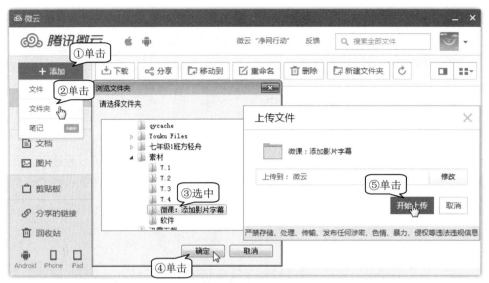

图7-84　上传微课

图7-85　分享微课

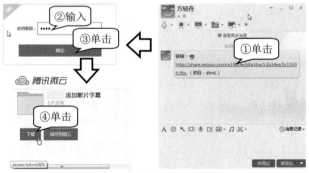

图7-86　下载并观看微课

创新园

01 录制一段短视频,分别转换为"AVI""FLV""WMV"格式,并对比其视频文件的大小及视频清晰度。

02 将录制的短视频通过百度云盘分享给同学。

7.6 小结和习题

7.6.1 本章小结

制作微课过程中,后期处理是非常重要的环节。本章通过具体实例,从优化声音效果、设置微课字幕、编辑视频特效、添加交互练习和发布分享微课等方面,对微课后期处理的主要环节、要素所涉及的基本方法和操作技巧进行系统介绍,重点内容如下。

- **优化声音效果**:能根据现有的微课视频素材及需求,合理选择设备、软件,为微课录制旁白、设置背景音乐等,通过剪辑、降噪等技术处理,优化音频质量。掌握微课后期处理中,优化声音效果的关键要素及实现方法。
- **设置微课字幕**:理解字幕元素在微课中的定位与作用,能了解片头字幕、主体字幕和片尾字幕的内容组成及特点;能根据需求及微课特点,合理选择软件添加、编辑和美化字幕的方法与技巧。
- **编辑视频特效**:熟练利用"自定义动画"制作具有动态效果的课件,利用"幻灯片切换"功能设置幻灯片之间的过场动画。
- **添加交互练习**:熟练利用"动作设置"和"超链接"制作非线性播放的课件,能按照教学需要快速便捷地展示教学内容,辅助教学。
- **生成分享微课**:学会根据需求选择不同的微课放映方式,为制作的微课课件录制语音旁白,导出并编辑微课视频。

7.6.2 强化练习

一、选择题

1. Camtasia Studio 是一款常用的微课制作软件,可以对视频进行编辑,目前还不容易实现的应用是(   )。

    A. 剪切视频片段

    B. 添加歌词等字幕

    C. 插入背景音乐

    D. 把拍摄的低画质模糊视频转换成高清视频

2. 在制作微课时，视频的获取方式有多种，下列关于获取视频的方法中说法错误的是（   ）。
   A. 通过数码摄像机拍摄的视频能导入计算机中进行编辑
   B. 通过视频编辑软件如会声会影、Camtasia Studio等能对视频声音、字幕进行编辑
   C. 通过屏幕录像软件能录制屏幕上放映的视频画面，但不能录制视频的声音
   D. 通过手机拍摄视频时，可以选择视频的分辨率，如720P、1080P等
3. 使用Camtasia Studio软件编辑展示活动的视频，编辑界面如图7-87所示，下列选项中描述错误的是(   )。

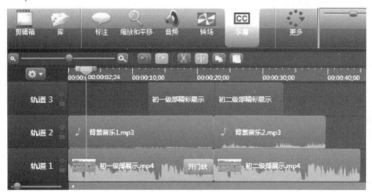

图7-87　编辑界面

   A. 两段视频之间应用了转场效果
   B. 背景音乐2播放结束后，初二级部展示视频也停止播放
   C. 初一级部展示视频与背景音乐1同时开始，同时结束
   D. 添加了两段字幕
4. 使用Camtasia Studio软件编辑微课，界面如图7-88所示，下列选项中描述正确的是(   )。

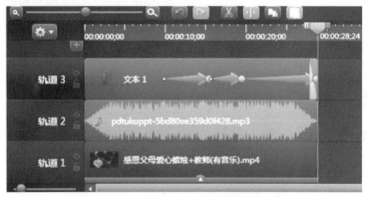

图7-88　Camtasia Studio软件编辑微课界面

   A. 有一个视频、一个音频和一个字幕　　B. 音频有淡入淡出效果
   C. 视频中没有声音　　　　　　　　　　D. 字幕有动画和淡入淡出效果
5. 使用Camtasia Studio软件编辑微课时，可以对画面进行局部放大的功能是(   )。
   A. 画中画　　　　B. 转场　　　　C. 标注　　　　D. 缩放和平移

二、判断题

1. 在 Camtasia Studio 中，可以对视频进行声音分离、降噪和分割处理。（ ）
2. 在 Camtasia Studio 中，使用"画中画"效果可以实现多个视频的叠加。（ ）
3. 使用 Camtasia Studio 录制视频时，可以在屏幕上画图和添加效果，标记出想要录制的重点内容。（ ）
4. 在 Camtasia Studio 中，添加交互练习题后，可以任意选择输出的微课视频格式。（ ）
5. 微课分享的方式有很多，可以采用平台、即时通信工具、云盘等进行分享。（ ）

第 8 章　微课制作综合实例

微课制作的方法有录屏、拍摄等，在实际制作过程中，需要根据知识点的讲解情况，选择合适的方法。一般微课的制作流程是"选择微课课题→撰写教学设计→编写微课脚本→设计学习任务单"，根据情况录制视频后，再进行后期加工处理等环节，以编辑、完善微课的制作。

本章以录屏型微课及拍摄型微课的制作为例，详细介绍微课制作的完整流程，期待读者能触类旁通，制作出更多可用于实际教学的微课。

■ **本章内容**
- 录屏型微课综合实例
- 拍摄型微课综合实例

8.1 录屏型微课综合实例

录屏型微课是通过录屏软件录制"边用课件呈现学习内容,边讲解"的过程,操作相对简单,可由教师独立完成,制作的基本流程如图8-1所示。

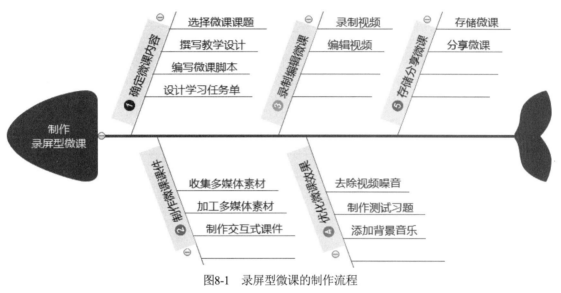

图8-1 录屏型微课的制作流程

8.1.1 确定微课内容

录屏型微课的选题可以是课前预习、课中讲解或课后复习,但讲解的内容一定要适合制作成课件。本实例以课中讲解为例,选择教学重点作为课题,根据课题撰写教学设计,再根据教学设计制作微课脚本、设计学习任务单。

1. 选择微课课题

《涉江采芙蓉》是学生在高中阶段接触的第一个古代诗歌单元,其是"古诗十九首"之一,也是比较成熟的五言诗,诗句自然质朴、不事雕琢,但内在情感和表现手法极有深蕴,有助于学生从语感走向知性鉴赏诗歌。因此,本次微课选择《涉江采芙蓉》中的教学重点内容"对写法",通过教师讲解此部分内容后,可让学生从一首诗读懂一类诗。

2. 撰写教学设计

微课虽然时间短,但也需要进行科学规范的教学设计,让教师在较短的时间内选用最恰当的教学方法和策略来讲清、讲透知识点,确保微课能满足学习者的需求。微课"对写法"教学设计如表8-1所示。

表8-1 微课"对写法"教学设计

【教学目标分析】	
"对写法"是古代诗歌中的一种独特抒情方法,这种表现手法能深化情感、强化主题。本节微课就从探寻《涉江采芙蓉》中的抒情主人公入手了解"对写法",进而用"对写法"指导其他这类思乡怀人诗的解读	
【学习者分析】	
诗歌鉴赏是高中语文学习中的难点。通常,很多学生对诗歌有一定的感知能力,能捕捉诗歌大致情感,但答题时又只有寥寥几句,语言干枯、术语贫乏,这与他们对诗歌表现手法的掌握欠佳有一定的关系,也就制约了他们结合诗歌分析鉴赏的能力,导致鉴赏语言不够规范化	
【内容需求分析】	
《涉江采芙蓉》是人教版高中《语文》教材必修2第二单元中的学习内容,本单元选的是先秦至南北朝的诗歌作品,是学生在高中阶段接触的第一个古代诗歌单元。让学生初步进入语言的内部,探寻技巧运用的奥妙,提高古诗文欣赏水平和语感,是本单元教学目标之一。掌握"对写法"有助于学生从语感走向知性鉴赏诗歌	
【教学媒体】	
教学课件、配乐音频	
【教学过程】	
导入	古人的抒情诗,初读时常给人单纯美好之感,待到再三吟咏,又发现这"单纯"其实寓于颇微妙的婉曲之中,《涉江采芙蓉》就属于这类诗。下面就以《涉江采芙蓉》为例,学习古典思乡诗中的"对写"手法
讲解	初读诗歌,感知情"思":这首诗初读起来,似乎无须多解,即可明白它的旨意,乃在表现抒情主人公因"离"而"思",因"思"而"忧"之情。品味诗歌,探知诗"趣",思考并探究是谁在"涉江采芙蓉"?其与"还顾望旧乡"的是同一人吗? 点拨并展示:朱光潜先生在《涉江采芙蓉》赏析中的两点看法。 感悟诗歌,学习"对写";明确"对写法"的概念。 感受诗歌因"对写法"而传达的深远意境和强烈情感。 掌握"对写法",学以致用体会白居易《邯郸冬至夜思家》中的"对写法"
检测	提问:下列诗句中没有运用"对写法"的是( )。 A. 遥知兄弟登高处,遍插茱萸少一人 B. 忆君遥在潇湘月,愁听清猿梦里长 C. 故乡今夜思千里,霜鬓明朝又一年 D. 独在异乡为异客,每逢佳节倍思亲
小结	"对写法"就是展开丰富想象,从对方着笔,表面上看是写对方,实际上是表现自己怀人思乡之情。你学会了吗

3. 编写微课脚本

录屏型微课的脚本就是按照教学过程,用课件呈现教学内容,再根据内容进行讲解。编写脚本时,应根据教学内容的需要,按照教学内容的相互联系和教育对象的学习规律,对有关画面和声音材料分出轻重主次,合理地进行安排和组织,以便完善教学内容。微课"对写法"

脚本如表 8-2 所示。

表8-2 微课"对写法"脚本

本微课名称	以《涉江采芙蓉》为例看古典思乡诗中的"对写法"
知识点描述	"对写法"是古代诗歌中的一种独特的抒情方法，抒情主人公为表达自己的思念之情，往往不从自己的角度来写，而是通过想象来写对方思念自己之情，通过虚设对方的情形，委婉含蓄地表达心中的思念怀想。这种诗歌表现手法使得作者或作品中的主人公思乡怀人之情显得既生动形象、富有意境，又具体充实、含蓄隽永，从而深化诗歌情感、强化主题
知识点来源	学科：语文　　　年级：高一　　　教材：普通高中课程标准实验教科书(人教版) 章节：必修 2 第二单元第 7 课(《涉江采芙蓉》)　　　页码：P26
基础知识	听本微课之前需了解的知识：能自主疏通诗意，对诗歌有一定的感知能力
教学类型	√讲授型　□问答型　√启发型　□讨论型　√演示型　□联系型　□实验型　□表演型 □自主学习型　□合作学习型　□探究学习型　□其他
适用对象	学生：处在诗歌语感培养和鉴赏方法积累阶段的高一学生；处在复习古诗文阅读、回顾诗歌表现手法阶段的高三学生 教师：普通任课教师
设计思路	从探寻《涉江采芙蓉》中的抒情主人公入手了解"对写法"，并体会这一手法丰富诗歌内蕴、强化主题的作用，进而用"对写法"指导其他这类思乡怀人诗的解读
教学过程			

	内容	幻灯片	时间
片头	大家好！欢迎走进我的微课！ 古人的抒情诗，初读时常给人单纯美好之感，待到再三吟咏，又发现这"单纯"其实寓于颇微妙的婉曲之中，《涉江采芙蓉》就属于这类诗。下面我们就以《涉江采芙蓉》为例，学习古典思乡诗中的"对写"手法	第 1 张	35 秒
正文讲解	1. 明确教学步骤。 (1) 初读诗歌，感知情"思"； (2) 品味诗歌，探知诗"趣"； (3) 感悟诗歌，学习"对写"； (4) 掌握"对写"，学以致用	第 2 张	26 秒
	2. 初读诗歌，感知情"思"。 这首诗初读起来，似乎无须多解，即可明白它的旨意，乃在表现抒情主人公因"离"而"思"，因"思"而"忧"之情	第 3 至 4 张	1 分 47 秒
	3. 品味诗歌，探知诗"趣"。 思考并探究："涉江采芙蓉"与"还顾望旧乡"的是同一人吗？ 点拨并展示：朱光潜先生在《涉江采芙蓉》赏析中的两点看法	第 5 至 6 张	1 分 24 秒

(续表)

教学过程			
	内容	幻灯片	时间
正文讲解	4. 感悟诗歌，学习"对写法"。 明确"对写法"的概念； 感受诗歌因"对写法"而传达的深远意境和强烈情感	第7至 9张	3分35秒
	5. 掌握"对写法"，学以致用。 体会《邯郸冬至夜思家》中的"对写法"；一道小练习检测	第10至 11张	1分50秒
结尾	小结： "对写法"就是展开丰富想象，从对方着笔，表面上看是写对方，实际上是表现自己怀人思乡之情。同学们，你们学会了吗	第12张	18秒
教学反思 (自我评价)	诗歌鉴赏是高中学生语文学习中的难点。很多学生对诗歌有一定的感知能力，能捕捉诗歌大致情感，但是，待到答题时又眼高手低，寥寥几句、语言干枯、术语贫乏，这与他们对诗歌鉴赏表现手法的掌握欠佳有一定的关系，也就制约了结合诗歌分析鉴赏的能力，导致鉴赏语言不够规范化。 鉴于此，本节课选择了语言质朴、意境优美、情感具有普遍性的《涉江采芙蓉》为教学示例，消除了学生对诗歌鉴赏的畏难情绪。并且设置了能激发学生探究兴趣的问题："涉江采芙蓉"与"还顾望旧乡"的是同一人吗？让学生感受"对写法"的妙处，体会诗歌的深远意境。再通过拓展学习和练习，让学生认识到"对写法"其实是思乡怀人诗歌中常见的方法		

4. 设计学习任务单

学生根据学习任务单，明确通过观看微课需要达到的学习目标，以及用什么样的方法进行学习，才能更好地完成预习任务。学习任务单如表 8-3 所示。

表8-3　学习任务单

一、学习目标
1. 通过观看泛读环节，感知这首诗歌因"离"而"思"，因"思"而"忧"的哀婉之情。
2. 通过观看教学视频，认识诗歌的抒情主人公是谁。
3. 通过观看教学视频，了解"对写法"的概念，并能理解"对写法"在这首诗歌中的运用及作用。
4. 通过完成微课学习及配套习题，逐步了解并掌握"对写法"在思乡怀人类诗歌中的运用
二、学习任务
通过观看微课教学，完成以下学习任务： 1. 有感情地诵读诗歌，体会诗歌情感。 2. 描述诗歌大意，明确"采芙蓉"者是在乡的女子，"望旧乡"者是在外的男子。 3. 掌握"对写法"，准确理解这种手法在本诗中的运用及作用。 4. 准确完成教学视频中的练习，掌握"对写法"在思乡怀人类诗歌中的运用

(续表)

三、进阶练习

1. 下面对《涉江采芙蓉》一诗的赏析不正确的一项是(D)。
A. 诗的开头以女子的口吻写起,在荷花盛开的美好季节及风和日丽中,荡一叶小舟摘几枝可爱的莲花,归去送给各自的心上人
B. 但这美好欢乐的情景,刹那间被充斥于诗行间的叹息之声改变了,"采之欲遗谁?所思在远道。",长长的呼叹,点明了这女子全部忧思之由来
C. 接着两句空间突然转换,出现在画面上的似乎已不是拈花沉思的女主人公,而是那身在"远道"的丈夫了:"还顾望归乡,长路漫浩浩。"。
D. "同心而离居,忧伤以终老。"这浩叹无疑是全诗的主旨之语,将一对同心离居的夫妇的痛苦之情准确而又含蓄地表达了出来

2. 再读《涉江采芙蓉》,对该诗赏析不恰当的是(C)。
A. 首句,"涉江采芙蓉,兰泽多芳草。",写自己在一个幽静清美的环境中采摘芙蓉即荷花,以引起下文贻赠远人之念
B. "采之欲遗谁"中的"遗"读 wèi,是馈赠的意思。古人有采摘香花赠予相亲之人的习俗
C. "所思在远道",所思念的人尚在远地,表现了对远方游子的思念和悲慨之情
D. "同心而离居"五字,说出了社会中长期存在的人生遗憾,也表现了主人公思乡怀友的真挚之情

3. 下列诗句中没有运用"对写法"的是(D)。
A. 遥知兄弟登高处,遍插茱萸少一人
B. 忆君遥在潇湘月,愁听清猿梦里长
C. 故乡今夜思千里,霜鬓明朝又一年
D. 独在异乡为异客,每逢佳节倍思亲

四、学习困惑

8.1.2 制作微课课件

录屏型微课的课件制作是一个重要环节,课件内容是否能起到营造学习氛围、帮助学生理解知识点的作用,至关重要。制作微课课件,需要准备素材,大致按图 8-2 所示的流程进行。

图8-2 制作微课课件流程

1. 收集多媒体素材

课件上需用到的文字、图片、声音和视频等素材，可以通过利用扫描仪采集图像、利用动画制作软件生成动画、用话筒录制声音，或者在网上搜索、下载等途径获取。请思考课件各张幻灯片上需要的素材，完善表 8-4 的填写。

表8-4　素材收集计划表

序号	需要素材	说明
幻灯片 1	荷花和窗格图片、背景音乐	考虑教学内容为古诗，图片尽量选择古典类型，与教学内容相配合。微课背景音乐选择"平沙落雁.mp3"
幻灯片 4	《涉江采芙蓉》诗文朗读文件	如果自己朗读诗文的音乐文件效果不好，可以在网上下载《涉江采芙蓉》诗文的声音文件
幻灯片 8	采荷图片、望月图片	为与教学内容相符，此处选择采荷、望月的国画图片
……	……	……

■ 下载图片素材

利用搜索引擎的图片搜索功能，可以方便地搜索各种图片素材。找到需要的图片后，利用图片保存功能将其下载到素材文件夹中。

01 **搜索图片**　打开搜索网站，以"荷花图片"为关键词搜索图片素材。

02 **保存图片**　浏览、甄选图片，将选中的图片以合适的名称命名，保存到"微课课件素材"文件夹中。

03 **保存其他图片**　用上面的方法，以"国画 涉江采芙蓉"为关键字搜索、保存其他图片素材。

 搜索下载素材时可多下载一些图片，同时也可以指定图片的尺寸大小与颜色，尽量下载分辨率高的图片。

■ 下载声音文件

网上搜索音乐文件会发现，很多音乐文件都存放在云盘中，如微盘、百度云等，可先注册账号然后再下载。

01 **搜索音乐**　打开搜索引擎，以"平沙落雁"为关键字，搜索音乐文件，并进行甄别、筛选。

02 **下载文件**　下载"平沙落雁.mp3"音乐到"微课课件素材"文件夹。

03 **下载其他声音文件**　用上面同样的方法，下载"涉江采芙蓉朗读.mp3"文件。

2. 加工多媒体素材

通常，收集来的素材不能直接用于制作课件，需要加工后才能使用，如本实例中使用的图片、动画与朗读音乐文件等素材在加工前要进行分析，如表 8-5 所示，这样才能提高制作效率。

表8-5　素材加工分析

名称	素材处理前	素材处理后	加工方法分析
课件背景			使用 Photoshop 软件可以轻松处理图片，合成课件背景，加工时用到导入图片、翻转图片、定义图案、建立选区、填充图案等
朗读声音文件			使用 GoldWare 软件，将课文朗读的文件分割成一句一个文件，连同课题，共五个文件，方便在课件中声画同步效果的设置

■ 制作课件背景

利用精美图片制作背景，可以烘托课件的气氛。选择国画风格的图片，配以中国风的墨迹效果图案，更能突出古诗的特点。

01　打开图片文件　运行 Adobe Photoshop CS3 软件，选择"文件"→"打开"命令，打开素材图片"底纹.psd"。

02　打开其他图片文件　用上面的方法，分别打开图片"窗格.png""荷花.bmp"。

03　添加窗格图案　按图 8-3 所示操作，将窗格图案放置在底纹文件的下方。用同样的方法，再添加一个窗格图案。

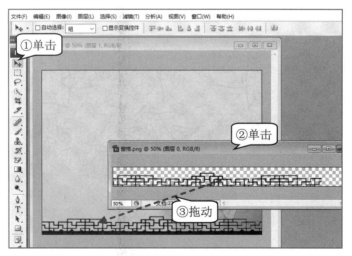

图8-3　添加窗格图案

04 翻转窗格图案 选中"窗格"图层,使用"编辑"→"自由变换"→"垂直翻转"命令,将上方的窗格图案垂直翻转。

05 定义图案 选中"荷花.bmp"文件,按图 8-4 所示操作,将荷花定义为图案。

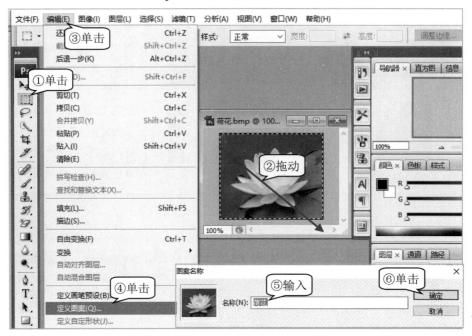

图8-4 定义荷花图案

06 添加墨迹图案 打开"墨迹.png"文件,按图 8-5 所示操作,将墨迹图案放到"底纹.psd"中。

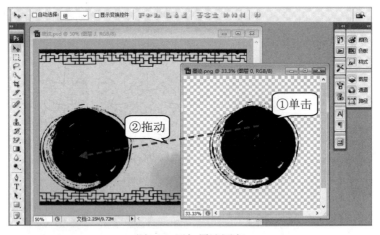

图8-5 添加墨迹图案

07 填充荷花图案 按图 8-6 所示操作,将荷花图案填入墨迹选区。

图8-6 填充荷花图案

08 保存封面背景 选择"文件"→"存储为"命令,按图8-7所示操作,将文件存储为"课件封面背景.jpg"。

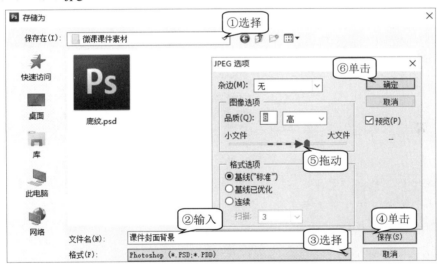

图8-7 保存课件封面背景图片

保存文件时,可以先保存一个 PSD 文件,这样便于修改。在封面背景的基础上略做修改,便可作为课件主体背景,统一的样式可使课件看起来更美观。

■ 处理声音文件

在 GoldWare 软件中,用"复制""粘贴"的方法将一个声音分成 5 段,为制作课件做准备。

01 打开文件 运行 GoldWare 软件,选择"文件"→"打开"命令,打开声音文件"涉江采芙蓉.mp3"。

02 选择音频 按图8-8所示操作，选择朗读内容中"课题"部分的波纹。

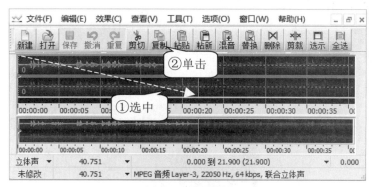

图8-8 选择音频

03 新建文件 选择"文件"→"新建"命令，按图8-9所示操作，将选择的音频片段粘贴到新建文件中。

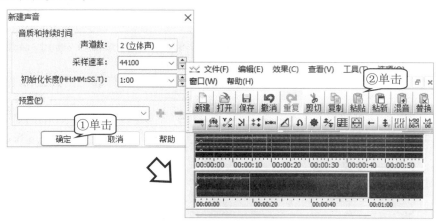

图8-9 新建声音文件

04 保存文件 选择"文件"→"保存"命令，将文件以"标题.mp3"为名保存到"声音素材"文件夹中。用上面同样的方法，将朗读诗文的每一句分别选择、复制到新的声音文件中，并保存。

3. 制作交互式课件

制作课件的软件有很多，本实例中选择PowerPoint软件来制作3张有代表性的幻灯片，效果如图8-10所示，其他幻灯片的制作请参照示范课件自行完成。

封面幻灯片

目录幻灯片

声画同步幻灯片

图8-10 课件"对写法"效果图

■ 制作封面幻灯片

封面幻灯片包括背景与标题，将已在 Photoshop 中制作完成的图片设置为背景，再用文本框添加需要的标题。

01 打开文件 运行 PowerPoint 软件，新建文件"学习对写法.pptx"。

02 设置显示比例 按图 8-11 所示操作，将幻灯片的显示比例设置为 4∶3。

图8-11 设置显示比例

 PowerPoint 默认的显示比例是 16∶9，而平常播放的视频的显示比例是 4∶3，这里建议将显示比例改为 4∶3。

03 设置背景 选中第 1 张幻灯片，选择"设计"→"自定义"→"设置背景格式"命令，按图 8-12 所示操作，将图片"课件封面背景.jpg"设置为幻灯片的背景。

图8-12 设置幻灯片背景

 制作课件时，一般在设置背景格式窗口中设置所有幻灯片的背景，最后再设置封面的背景，这样可以提高制作速度。

04 插入文本框 选中第 1 张幻灯片，按图 8-13 所示操作，插入横排文本框。

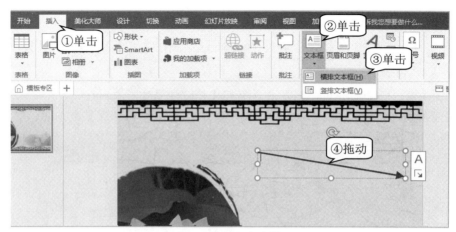

图8-13 插入文本框

05 添加标题 在文本框中输入文本"从《涉江采芙蓉》看古典思乡诗中的",用同样的方法绘制其他两个文本框,并输入文本,效果如图8-14所示。

图8-14 封面幻灯片标题效果

06 设置文本格式 右击第1个文本框,按图8-15所示操作,将标题的格式设置为"隶书",用同样的方法设置字号为"40磅"。

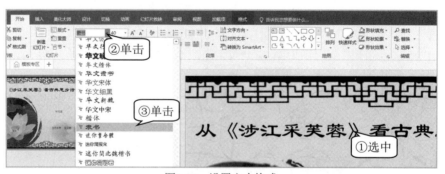

图8-15 设置文本格式

07 设置其他文本格式 用同样的方法设置其他两个文本框的格式为"隶书,60磅,红色"、"黑体,32磅"。

■ 制作目录幻灯片

在 PowerPoint 中，可以使用文本框与自选图形制作目录，也可以使用 "PPT 美化大师"软件快速制作。

01 插入目录 安装"美化大师"软件后，在 PowerPoint 软件中选择"美化大师"→"幻灯片"命令，按图 8-16 所示操作，选择合适的目录，在第 1 张幻灯片后插入目录幻灯片。

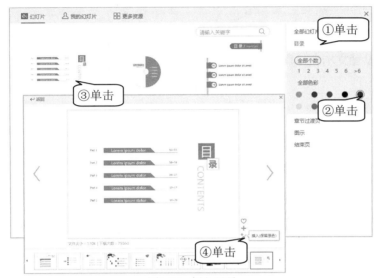

图8-16　插入目录

02 修改填充颜色 按图 8-17 所示操作，将自选图形的填充颜色设置为"深红"。

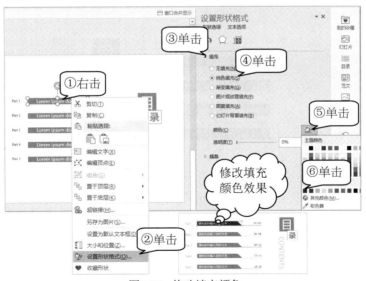

图8-17　修改填充颜色

03 修改图形大小 按图 8-18 所示操作，将自选图形的大小设置为高 1.2 厘米、宽 10.92 厘米。

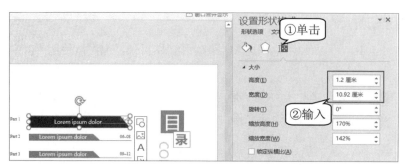

图8-18 修改图形大小

04 输入并设置文本 按图 8-19 所示操作，输入文本并设置为"宋体、24 磅"。

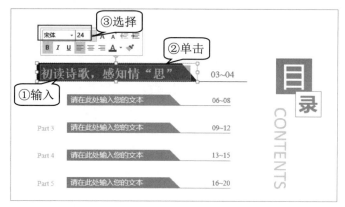

图8-19 输入并设置文本

05 设置其他标题 用同样的方法，将目录设置成如图 8-20 所示的效果。

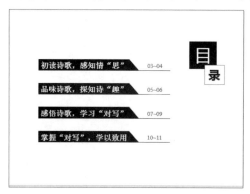

图8-20 目录效果

06 设置背景 选中第 2 张幻灯片，选择"设计"→"自定义"→"设置背景格式"命令，将图片"内部背景.jpg"设置为幻灯片的背景。

07 保存课件 单击"保存"按钮，保存修改的结果。

■ **插入多媒体素材**

在 PowerPoint 中，可以插入文本与图片，并进行排版，再用设置对象动作的方法，制作声画同步播放的效果。

01 新建幻灯片 单击课件"学习对写法.pptx"的合适位置，选择"插入"→"新建幻灯片"→"空白模版"命令，插入一张空白幻灯片。

02 插入图片 选择"插入"→"图片"命令，依次插入图片，并将图片缩放到合适大小，拖到相应位置，效果如图 8-21 所示，注意图片之间的层次关系。

图8-21　插入图片

03 插入文字 分别用多个文本框插入"涉江采芙蓉"的文本，并将文本框对齐排列，效果如图 8-22 所示。

图8-22　插入"涉江采芙蓉"的文本

04 插入声音 按图 8-23 所示操作，依次插入朗读的声音文件，并调整到适当的位置及合适的大小。

图8-23 插入声音

■ 设置声音播放方式

将幻灯片上的声音设置成交互的播放方式,单击"涉江采芙蓉"的诗句文字时,播放相应的声音文件。

01 添加标题文本进入效果 选中幻灯片中"标题"的文本框,按图8-24所示操作,设置进入效果为"淡出"。

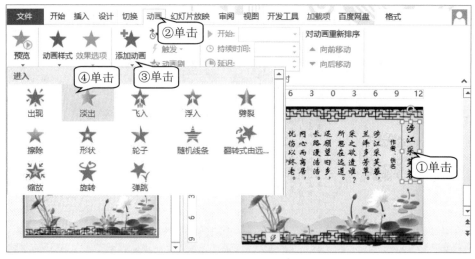

图8-24 设置文本进入效果

02 添加声音动画效果 按图 8-25 所示操作,选中"标题"的声音文件,设置动画效果为"播放"。

03 设置文本框动画效果 单击"动画"选项卡,再单击 动画窗格 按钮,打开"动画窗格"窗口,按图 8-26 所示操作,将标题的播放速度设置为"慢速(3 秒)"。

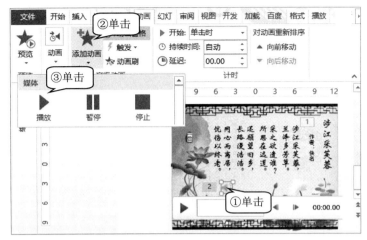

图8-25 设置声音动画效果

图8-26 设置文本框动画效果

04 设置声音文字的同步效果 按图 8-27 所示操作,将声音设置成单击相应诗句的文字时播放。

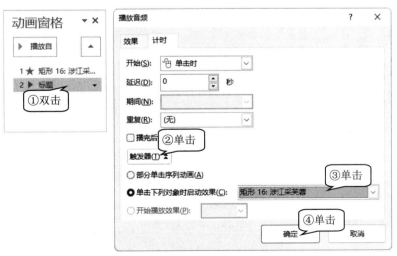

图8-27 设置声音文字的同步效果

05 设置其他声画同步效果 用同样的方法，设置单击《涉江采芙蓉》其他诗句文本与声音同步的效果。

8.1.3 录制编辑微课

考虑本节讲解的部分较多，录制时对教师要求较高，需一气呵成，因此在录制时，可根据教学内容分别录成几个视频，此处选用的录屏软件是 Camtasia Studio。

1. 录制视频

录制视频时，要有一个相对安静的录制环境，并且要对录屏软件进行相关的设置，方能达到较好的录制效果。

■ 录制准备

录制前除了要对外部环境进行清理、准备好麦克风、打开课件、关闭其他应用程序，还需要对 Camtasia Studio 软件进行相应的设置。

01 设置录制音量 运行 Camtasia Studio 软件，按图 8-28 所示操作，选择录制区域，并将录制音量调整到合适的位置。

图8-28 设置录制音量

02 设置屏幕大小 按图 8-29 所示操作，将屏幕尺寸设置为 960×720。

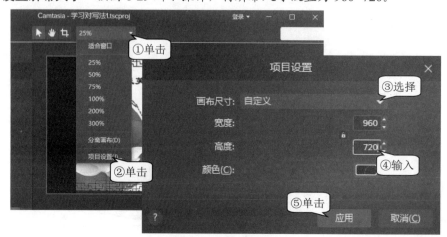

图8-29 设置屏幕大小

03 试录微课 单击工具栏中的 rec 按钮，开始试讲课，讲完之后，按 F10 键，完成录制。
04 保存微课 将试录制的微课以"学习对写法.tscproj"为项目名保存。

■ 录制视频

在讲解过程中有时需要对某个页面进行详细讲解或进行强调及注释，这时可以使用 PowerPoint 中的"指针选项"功能进行讲解。

01 录制微课 打开课件"学习对写法"，切换到需要的幻灯片，按 F5 键播放课件后，单击工具栏中的"录制"按钮，开始录制。

02 设置指针选项 按图 8-30 所示操作，将"指针选项"设置为"荧光笔"。

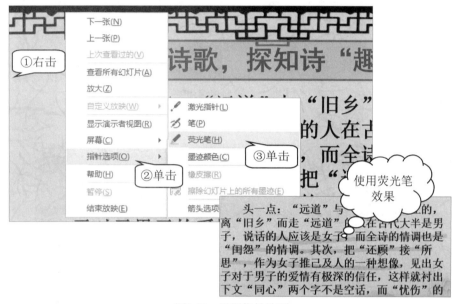

图8-30 设置指针选项

03 将指针还原 用同样的方法，将指针选项重新设置为"箭头"。
04 录制其他视频 继续录制，录制完成时按 F10 键，根据课件特点，录制完成其他视频并保存。

2. 编辑视频

当视频录制完成后，可按顺序将视频添加到相应的轨道上，预览视频效果，并根据需要对视频进行裁剪等操作。录制完微课后，可以用 Camtasia Studio 软件对录制的视频片段进行编辑操作，如剪辑不需要的视频、添加背景音乐、去除杂音等。

01 打开项目文件 运行 Camtasia Studio 软件，打开项目文件"学习对写法.tscproj"。
02 添加视频片段 按图 8-31 所示操作，将视频片段 2 拖到时间轴上。
03 添加其他视频片段 用同样的方法添加其他视频片段，并仔细检查视频与视频的衔接部分。

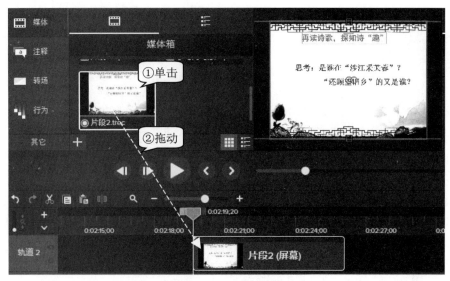

图8-31 添加视频片段

04 剪辑视频 播放视频到多余视频的位置,按图 8-32 所示操作,将多余的部分删除。

图8-32 剪辑视频

8.1.4 优化微课效果

录制好的微课视频要根据情况调整效果,如将微课中的声音调大,或者添加一些字幕、背景音乐、检测知识点学习的练习题等效果,想一想,除此之外,还应该如何打磨,才可让微课的效果更好?填写在图 8-33 中。

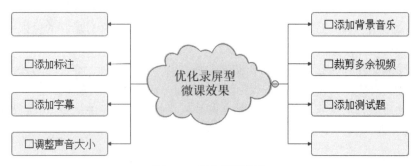

图8-33 优化微课效果

1. 去除视频杂音

在查看录制的视频有杂音时，不需要重新录制，可将视频中的音频分离出来，使用"会声会影"软件自带的去噪功能试一试是否能去除杂音，如果不能达到要求，还可以借助专业的音频处理软件。

01 记录杂音位置 播放视频边听边看，记录出现杂音的起始位置，填写在表 8-6 中。

表8-6 杂音位置记录表

序号	起始位置	杂音情况描述	处理思路
1	0:02:22:15	咳嗽的声音	设置成静音效果
2	0:00:00:00	电流"嗞嗞"声	降噪处理
……	……	……	……

02 去除杂音 播放视频到出现杂音的位置，按图 8-34 所示操作，将录制过程中的"咳嗽"声去掉。

图8-34 去除杂音

03 去除其他杂音 根据情况，去除音频中的其他杂音，并试听效果。

2. 制作测试习题

学生学完微课，需要检测学习效果，利用 Camtasia Studio 软件可以在视频的任何位置添加交互测试，方便检测学生的学习效果。

01 添加测试 将插入点定位在片段 4 后，选择"交互"标签，按图 8-35 所示操作，添加"课堂练习"测试。

图8-35 添加测试

02 制作单项选择题 拖动滚动条,按图8-36所示操作,制作单项选择题。

03 预览习题 按图8-37所示操作,预览制作的习题。

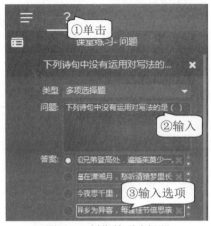
图8-36 制作单项选择题

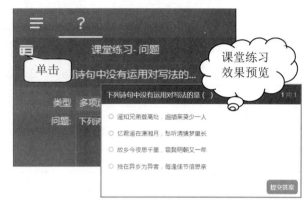
图8-37 预览习题

04 制作其他习题 用上面的方法再制作两道判断题及一道简答题。

3. 添加背景音乐

对微课配以背景音乐,可增加感染力,提高微课的教学效果。背景音乐可以在制作课件时添加,也可以在 Camtasia Studio 软件中添加。

01 导入背景音乐 选择"文件"→"导入"→"媒体"命令,导入音乐"平沙落雁.mp3",并添加到时间轴上。

02 设置淡入效果 按图8-38所示操作,将背景音乐设置为淡入效果。

03 设置淡出效果 用同样的方法,将背景音乐设置为淡出效果。

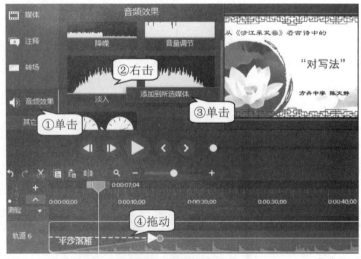
图8-38 设置淡入效果

8.1.5 存储分享微课

制作微课归根结底是为了方便学生使用，在互联网时代，利用云盘、资源平台等互联网平台，可以方便存储与分享微课。

1. 存储微课

互联网为微课的方便使用提供了可能，如各种云盘、教育云平台等。若要使用云盘分享微课，则需先申请注册云盘账号，上传微课后，才能分享。

01 下载安装微云 搜索下载"腾讯微云"文件，安装运行并申请账号。

02 登录微云软件 按图 8-39 所示操作，使用 QQ 账户登录微云，若没有 QQ 账户，可到网站进行注册。

2. 分享微课

将制作好的微课上传到微云中，再分享给老师或学生。除了微云，还可以将微课上传至各级教育主管部门在互联网上搭建的各种资源平台，如国家资源云平台、安徽的皖教云等。

图8-39 登录微云软件

01 选择视频格式 选择"分享"→"本地文件"命令，按图 8-40 所示操作，选择输入的视频格式为"仅 MP4(最大 720p)"。

图8-40 选择视频格式

02 保存视频 将视频以"学习对写法.mp4"为项目名称,保存到硬盘"学习对写法"文件夹中。

03 上传微课 运行"腾讯微云"软件,在登录界面中,输入 QQ 账号、密码,单击"登录"按钮,进入云盘。打开微云中的"视频"文件夹,将"学习对写法"文件夹中的微课上传到微云中。

04 分享微课 按图 8-41 所示操作,将产生的链接复制后发给 QQ 好友或学生,便可以轻松分享微课。

图8-41　分享微课

8.2　拍摄型微课综合实例

拍摄型微课是教师在真实的环境中进行知识讲解,采用摄像机进行拍摄,并可使用屏幕演示、板书、实验演示等辅助教学活动完成课堂教学,拍摄完毕后使用专业软件对拍摄的视频进行后期加工,最终制作成微课。拍摄型微课的制作流程如图 8-42 所示。

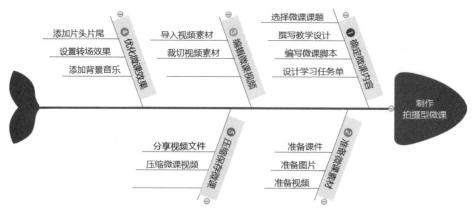

图8-42　拍摄型微课的制作流程

8.2.1 确定微课内容

拍摄型微课的选题要适合视频展示过程,本实例选择的是课前预习。确定微课课题后,需根据要求撰写教学设计,编写脚本,为提高预习效果配以自主学习任务单。

1. 选择微课课题

"盐类的水解原理"是化学中一个重要的知识点,其既是对化学平衡、电离平衡的一个拓展延伸,也是解决溶液中离子浓度问题不可或缺的重要知识储备,目的是让不同层次的学生都能掌握好盐类水解的相关内容。

2. 撰写教学设计

为了让教师在较短的时间内讲清、讲透一个知识点,必须根据教学目标与学习者的基本情况,合理选择教学方法和安排教学过程,以确保微课制作合理,学生使用方便。微课"盐类的水解原理"教学设计如表 8-7 所示。

表8-7 微课"盐类的水解原理"教学设计

【教学目标】	
通过探究气球内气体体积测定的过程,掌握排水量气法测定气体体积的方法;理解常温下测定1mol 气体(H_2)体积的原理和方法	
【学习者分析】	
学生已经对离子反应、强弱电解质的电离、化学平衡的建立,以及水的电离和溶液的酸碱性等知识有了一定的了解,具备了分析溶液中各种离子水解平衡的能力	
【教学方法选择】	
通过实验法,激发学生好奇心的同时引出用排水量气法测定气体体积的方法。在测定1mol 气体体积的原理设计中,将气体摩尔体积和物理学中学生熟知的速度进行类比,引导学生推导出测定气体摩尔体积的公式,并引导学生通过化学反应将较难测的目标量气体的质量转化成可测量固体的质量,在该过程中让学生体会在化学实验操作中将目标量转化为可测量的思想	
【教学媒体选择】	
教学课件、实验器材	
【教学过程】	
导入	通过生活情境引入,激发学生思考,引出用排水量气法测定气体体积的方法。提问:同学们,这里有一杯水和一个气球,请问如何测定这杯水的体积和这个气球里面气体的体积?那如果要求再苛刻一点,如何测 1mol 气体体积呢
讲解	【环节一】巩固高一所学内容气体摩尔体积,为探究测定 1mol 气体体积的原理做铺垫。提问: (1) 什么是气体摩尔体积? (2) 影响物质体积大小的因素有哪些? (3) 同温同压下,1mol 任何气体的体积是否相同? 既然在同温同压下,1mol 任何气体体积的气体都相同,那就以氢气为例,如何求得一定条件下,1mol 氢气的体积?

(续表)

【教学过程】		
讲解	【环节二】提问： (1) 气体的物质的量能用实验方法直接测定吗？ (2) 实验室里直接测定气体的体积和质量容易吗？ (3) 怎样测定才是合理的方法？ 组织学生讨论可以采用的测定方法。通过逐渐深入问题及对气体摩尔体积的计算公式的分析，引发学生思考在测定 1mol 气体的体积中需要并可以测定的变量，了解间接测量的方法。由于化学反应中，反应物与生成物之间有一定的关系，因此利用实验室制备氢气的原理，将难测的氢气的质量转化为易测的金属的质量。 提问： (1) 为什么在此反应中不用锌粒而用镁带？ (2) 在反应中应该如何控制硫酸的量	
小结	回顾测定 1mol 气体体积测定的原理，再次体会直接测量的物理量与间接测量的物理量间的关系	

3. 编写微课脚本

拍摄类微课是通过拍摄真人讲解课的方式来制作微课，因此教师在讲解时经常会出现重复、停顿等情况，为使拍摄过程顺利，可编写微课脚本，将所有语言记录下来，以减少出错次数。"盐类的水解原理"微课脚本如表 8-8 所示。

表8-8 "盐类的水解原理"微课脚本

录制时间：12 月 23 日下午　　　　　　　　　　　　　　　　　　微课时间：8～10 分钟

系列名称	水溶液中的离子平衡
本微课名称	盐类的水解原理
知识点描述	形成盐类水解的概念，并能判断出盐溶液的酸碱性
知识点来源	√学科：化学　　年级：高二　　教材：人教版　　章节：第三章第三节 页码：55～56 页
基础知识	听本微课之前需了解的知识：化学平衡、电离平衡、水的离子积、溶液的酸碱性等知识点的储备
教学类型	√讲授型　□问答型　√启发型　□讨论型　√演示型　□联系型　√实验型　□表演型　□自主学习型　□合作学习型　□探究学习型　□其他
适用对象	学生：本微课是针对本学科平时成绩多少分的学生？ 　　　□40 分以下　√40～60 分　√60～80 分　√80～100 分　□100～120 分　□120～150 分 教师：□班主任　□幼儿教师　√普通任课教师　□其他 其他：□软件技术　□生活经验　□家教　□其他
设计思路	通过实验演示配以讲解，激发学生的学习兴趣，也为学生拓展更广阔的思维时间和空间，将盐类水解原理这部分较为简单的知识以微课的形式作为课前预习

(续表)

教学过程			
	内容	画面	时间
片头	内容：你好，这个微课重点讲解盐类的水解原理 我们每个人都有一个温暖的家，都竭尽全力地想去呵护它，可生活中的一些小危险也应防患于未然，例如，自己要能够制作灭火器。同学们还记得我们初中时曾做过的自制泡沫灭火器实验吗？所用的原料是碳酸钠和盐酸，今天，让我们换为碳酸氢钠和硫酸铝原料，看一看能否出现我们预期的效果	视频1	30秒左右
正文讲解 (9分钟 左右)	1. 制作泡沫灭火器	视频2	2分钟左右
	2. 分析引入盐类水解的概念	视频3	3分钟左右
	3. 测定0.1mol/L的氯化铵、醋酸钠、氯化钠溶液的pH值，结果并不都是中性	视频4	2分钟左右
	4. 讲解氯化铵、醋酸钠和氯化钠3种物质在水溶液中发生的反应，进而引出盐类水解的概念、实质及规律，并进行归纳整理	视频5	2分钟左右
结尾	通过以上讲解，同学们掌握有关盐类水解的基本原理了吗？知道碳酸氢钠和硫酸铝反应产生气体的原因了吗？当然，这只是盐类水解在生活中的一个具体应用而已，还有更多关于盐类水解的内容有待同学们今后不断地努力探索。 感谢你认真听完这个微课，我的下一个微课将讲解影响盐类水解的因素	视频6	30秒左右
教学反思 (自我评价)	本节课的导入采用的是生活小实验的方式，概念模型的建立层层渗入，作为一节课前预习课，对绝大多数同学来说是容易接受的，这也为后期影响盐类水解的因素及水解应用的学习奠定了基础		

4. 设计学习任务单

微课讲授完毕后，还需要检测学生对本节课知识的掌握情况，这里使用的学生任务单是与微课程配套的学案，主要包括学习目标、学习资源、学习方法、学习任务、学习反思、后续学习预告等，效果如表8-9所示。

表8-9 学习任务单

一、学习指南

1. 课题名称：化学人教版高二选修4 盐类的水解原理。

2. 学习资源：化学人教版选修4 教材54～56页。

3. 达成目标：通过观看微课和完成《自主学习任务单》规定的任务，能掌握盐类水解的原理、判断常见盐类溶液的酸碱性。

4. 学习方法建议：根据微课要求完成自主学习单上相应的任务。如果学习中遇到困难，可以暂停或回放，直到理解为止。如果还有疑惑或建议，请记录在记录单上的学习反思一栏，我们将共同探讨。

5. 课堂学习形式预告：展示自主学习成果—分组讨论学习心得—完成自我检测—教师巡视，进行个性化辅导

(续表)

二、学习任务

通过观看教学录像自学，完成下列学习任务(提示：学习任务包括学习活动和学习评价，如学完微课后的测试题、操作任务、思考题等，也含必要的提示等帮助性信息)。

(一) 选择题

1. 下列溶液能使酚酞指示剂显示红色的是(　　)。
   A. KNO_3　　　　B. $NaHSO_4$　　　　C. Na_2S　　　　D. $FeCl_3$

2. 下列盐的水溶液中，离子浓度比正确的是(　　)。
   A. $NaClO\ c(Na^+):c(ClO^-)=1:1$　　　　B. $K_2SO_4\ c(K^+):c(SO_4^{2-})=1:1$
   C. $(NH_4)_2SO_4\ c(NH_4^+):c(SO_4^{2-})<2:1$　　D. $NaF\ c(Na^+):c(F^-)<1:1$

3. 在 0.1mol/L 的氯化铵溶液中，下列离子浓度关系正确的是(　　)。
   A. $c(Cl^-)>c(NH_4^+)>c(H^+)>c(OH^-)$　　　B. $c(NH_4^+)>c(Cl^-)>c(H^+)>c(OH^-)$
   C. $c(Cl^-)>c(NH_4^+)<c(H^+)=c(OH^-)$　　　D. $c(NH_4^+)=c(Cl^-)>c(H^+)>c(OH^-)$

(二) 填空题

1. 盐类的水解是盐电离出来的_____跟水电离出来的_____结合生成_____的反应。只有_____离子或_____离子才能与水结合生成弱电解质，实质是_____。

2. 将等物质量浓度的次氯酸溶液和氢氧化钠溶液等体积混合后，溶液的 pH__7(填 >、< 或=)。

三、学习感受

8.2.2　准备微课素材

拍摄类微课的制作较录屏类微课复杂，特别是根据微课脚本准备资源，不仅需要准备课件，还需要根据情况选择拍摄场所，准备拍摄器材。如果是化学、物理、生物等学科，还可能有实验部分，需准备实验器材等。

1. 准备课件

拍摄类微课的课件与录屏类微课的课件相比，制作应简洁明了，突出幻灯片上的图片与文本等，本节微课的课件制作较简单，效果如图 8-43 所示。

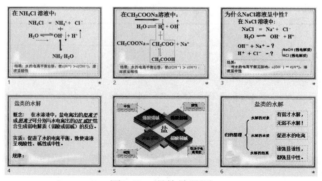

图8-43　课件效果图

2. 准备图片

由于拍摄类微课是通过拍摄真人讲解教学内容,再后期加工制作,所以其在教学环节上不如录屏类微课清晰,可以在后期加工时,采用添加字幕的方式弥补,此处采用另一种方式处理,即添加导航背景,效果如图 8-44 所示,导航背景可使用 Photoshop 完成。

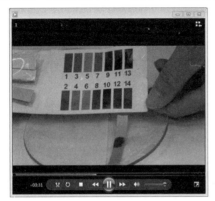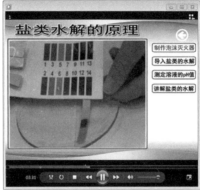

图8-44 视频添加导航背景效果对比图

3. 准备视频

拍摄法制作微课最重要的是准备视频素材,包括器材准备与场地准备,场地要安静,尽量不要有回声。本实例中选择的拍摄地点是录播教室,在拍摄时要注意关闭空调等电器。拍摄用的摄像机选择的是索尼 270E,考虑拍摄时镜头要保持稳定,因此使用了索尼 vct_vpr1 三脚架,为后期处理视频方便,还备有绿色厚实不反光的背景布。

本微课中设计了两个实验,即自制泡沫灭火器和测定溶液的 pH 值,根据实验要求,准备器材备用,实验器材如表 8-10 所示。

表8-10 实验器材

序号	实验名称	实验器材及试剂
实验 1	自制泡沫灭火器	塑料瓶、小试管、玻璃棒、饱和碳酸氢钠溶液、饱和硫酸铝溶液
实验 2	测定 0.1mol/L 的下列 3 种溶液的 pH 值:氯化铵溶液、醋酸钠溶液、氯化钠溶液	表面皿、玻璃棒、pH 试纸及比色卡、0.1mol/L 氯化铵溶液、0.1mol/L 醋酸钠溶液、0.1mol/L 氯化钠溶液

根据微课脚本及拍摄场地,拟定拍摄 5 段视频,为保证拍摄工作顺利,可以注明拍摄时应该注意的事项,如表 8-11 所示。

表8-11 拍摄注意事项

序号	内容	拍摄注意事项
视频 1	导入	采用绿色背景布,方便后期加工时抠像,拍摄时采用近景拍摄法
视频 2	制作泡沫灭火器实验	采用近景拍摄,实验时,为突出实验器材,采用特写拍摄;验证灭火器效果时,为使效果更明显,侧面拍摄演示者

(续表)

序号	内容	拍摄注意事项
视频3	讲解盐类水解	采用近景拍摄，保证多媒体上的字能看清楚
视频4	测定溶液pH值实验	采用近景拍摄，实验时，为突出实验器材，采用特写拍摄，要看清每个溶液的标签
视频5	小结	采用绿色背景布，方便后期加工时抠像，拍摄时采用近景拍摄法

8.2.3 编辑微课视频

拍摄好的微课视频，难免会出现小瑕疵，可编辑处理后使用。首先仔细浏览拍摄的每段视频，记载其中有问题的部分，如表8-12所示，其次根据情况编辑视频，最后进行后期加工处理。本实例使用"会声会影"软件介绍微课制作过程。

表8-12 视频处理情况

序号	内容	原始视频长度	需要进行的处理
1	导入	36秒	开始部分与结束部分，共3秒左右，教师没有准备好就录制的部分需剪切
2	制作灭火器实验	1分53秒	开始处教师没有准备好的部分，剪2秒
3	讲解盐类的水解	4分27秒	从2分43秒开始将视频分成两段
4	测定溶液的pH值	1分43秒	1分钟左右处，一段持续3秒钟重复讲解的部分应删除
5	小结	24秒	不需处理

1. 导入视频素材

使用"会声会影"软件编辑文件，可以按类型分别将制作微课的素材导入媒体库中，再在处理过程中，根据要求拖到相应的轨道上进行编辑。编辑加工视频时，需要导入素材文件，包括视频、图片、声音等，可以分类型集中导入，也可以单个文件导入。

01 运行软件 双击桌面上的Corel VideoStudio Pro X8图标，运行"会声会影"软件。

02 导入视频文件 按图8-45所示操作，导入拍摄的6个视频素材文件。

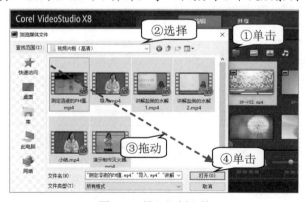

图8-45 导入视频文件

03 导入其他素材　用同样的方法，导入背景图片、背景音乐等图片与音乐素材。

2. 裁切视频素材

在制作微课过程中，需要将用到的素材，如图片、视频及声音等，添加到相应的轨道上，可对素材进行编辑操作，达成微课需要的视频效果。"会声会影"软件可以对视频进行剪切、合并等操作，也可以将视频中的声音文件提取出来，或者为视频同步配以声音。

01 裁剪视频素材　按图8-46所示操作，通过设置视频的开始标记和结束标记，保留"导入.mp4"文件的 0:00:00:15 至 0:00:32:10 区间的视频片段。

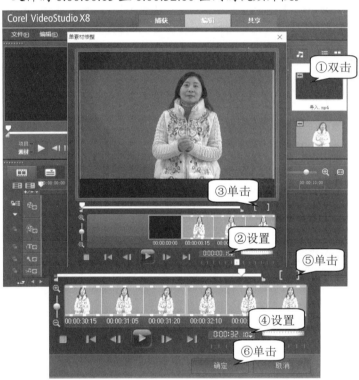

图8-46　裁剪视频素材

02 裁剪其他视频　用同样的方法，将其他视频的错误部分及不需要部分切除。

03 调用视频素材　按图 8-47 所示操作，将"导入.mp4"视频拖到覆叠轨上。

04 调用其他视频素材　用上述方法依次将"演示制作灭火器.mp4""讲解盐类的水解1.mp4""测定溶液的pH值.mp4""讲解盐类的水解2.mp4"及"小结.mp4"等视频拖到覆叠轨上。

05 保存项目文件　选择"文件"→"保存"命令，以"盐类的水解原理.vsp"为文件名，保存项目文件到"盐类的水解"文件夹中。

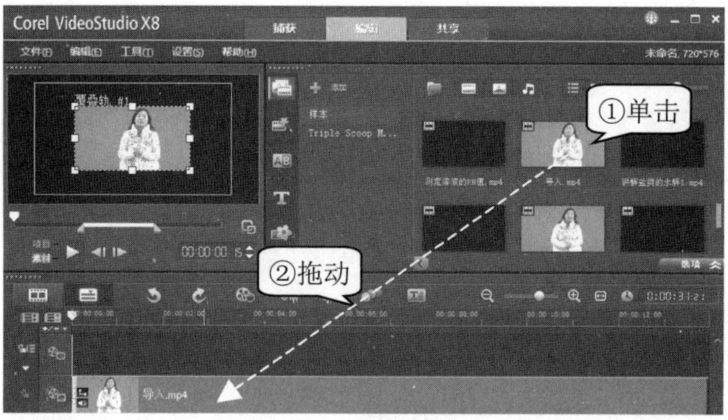

图8-47　调用视频素材

8.2.4　优化微课效果

使用拍摄法制作微课不能一次成功，往往需要进行后期处理，以完善微课的功能。思考一下，要如何优化拍摄型微课，才能获得更好的观看效果？除了列出的选项，将思考的结果填写在图 8-48 中。

图8-48　优化微课效果

1. 添加片头片尾

微课的开始应是片头，可让学习者明确本节微课学习的知识点，而在学习结束时要有对本节课学习内容的小结。

■ 制作视频片头

视频片头包括背景、标题文本、授课者视频，添加的标题需要进行格式设置，授课者的视频需要采用抠像处理，去除原先的绿色背景。

01 添加片头背景　按图 8-49 所示操作，将"片头背景.jpg"图片拖到视频轨上，并将片头背景的时间设置与"导入.mp4"视频的长度相同，使播放导入视频时均显示片头背景，并将视频调整到合适位置。

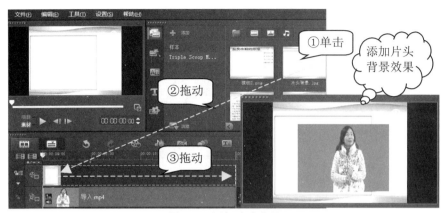

图8-49　添加片头背景

02 添加其他视频背景　用上述方法将"演示制作灭火器.jpg""讲解盐类的水解 1.jpg""测定溶液的 pH 值.jpg""讲解盐类的水解 2.jpg"及"小结.jpg"图片依次拖到视频轨上并调整大小和位置。

03 抠除视频背景　按图 8-50 所示操作，去除视频的绿色背景，让人物形象独立呈现在背景中，使观看美观。

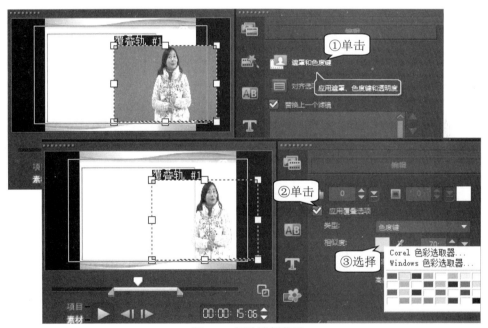

图8-50　抠除视频背景

04 添加微课课题　按图 8-51 所示操作，添加微课课题，设置格式为"隶书、53 磅"，并添加外部边界与阴影。

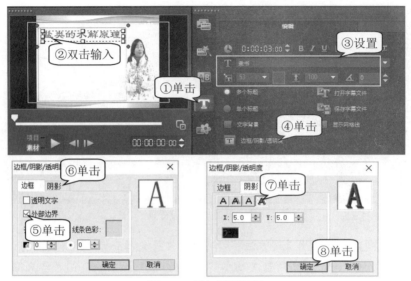

图8-51　添加微课课题

05 添加其他文本　用同样的方法，输入并设置上、下方文本，分别为"黑体、20磅"与"黑体、29磅"，效果如图8-52所示。

图8-52　添加其他文本

■ **制作视频片尾**

为了与视频片头呼应，在片尾也采取了"抠像"的方式让教师出场，并且将本节课的要点显示在屏幕上，逐字出现，帮助学生理解、记忆。

01 制作片尾　用上面的方法，制作小结文本，效果如图8-53所示。

图8-53　制作片尾

02 制作文字动画 按图 8-54 所示操作，为小结文本添加动画效果。

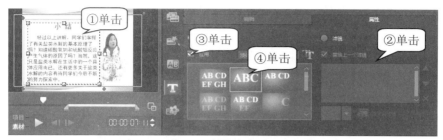

图8-54　制作文字动画

2. 设置转场效果

在制作微课时，会将多个视频文件拼合在一起，而播放时，视频与视频之间会出现不够流畅的情况，通过设置转场效果，可以避免这种情况的发生。

01 观看视频效果 单击"播放"按钮，观看视频并关注视频切换时的情况，记录需要添加转场效果的地方。

02 设置转场效果 按图 8-55 所示操作，将两个视频间的转场效果设置为"百叶窗"。

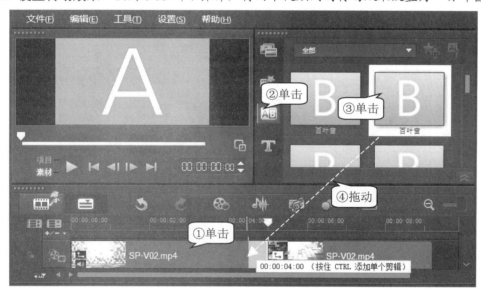

图8-55　设置转场效果

03 设置其他视频间的转场效果 用上面同样的方法，也为其他视频之间设计转场效果，并播放视频查看效果，如果不满意再修改，直到满意为止。

3. 添加背景音乐

为使微课的效果更好，可以为微课添加背景音乐，并可以设置音乐的淡入、淡出效果及调整背景音乐的大小等。

01 添加背景音乐 按图 8-56 所示操作，将背景音乐"bgsound.mp3"拖到音乐轨上，考虑整个微课有 8 分 30 秒，而音乐只有 4 分 30 秒，可将音乐复制播放两次，并修剪与视频长度相同。

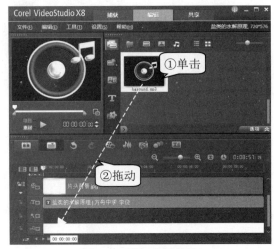

图8-56　添加背景音乐

02 设置音乐淡入、淡出效果 按图 8-57 所示操作，设置背景音乐的淡入、淡出效果。

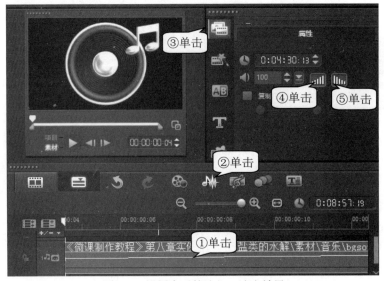

图8-57　设置音乐的淡入、淡出效果

8.2.5　压缩保存微课

　　制作的微课除了可以分享给学生，也可以上传与别人交流或参加各类比赛，而上传到网上的微课要考虑视频的大小，使用摄像机拍摄的视频基本都是高清模式，文件就比较大，需要通过格式转换或减小屏幕尺寸的方式缩小文件。

1. 分享视频文件

在"会声会影"软件中编辑视频文件，只是对视频逻辑进行了编辑，若要得到视频文件，还需要进行渲染分享。

01 选择文件类型　单击"开始"按钮，选择"所有程序"→"狸窝"→"狸窝全能视频转换器"命令，运行"狸窝全能视频转换器"软件。

02 渲染视频文件　按图 8-58 所示操作，将项目文件渲染为"盐类的水解原理.mp4"文件。

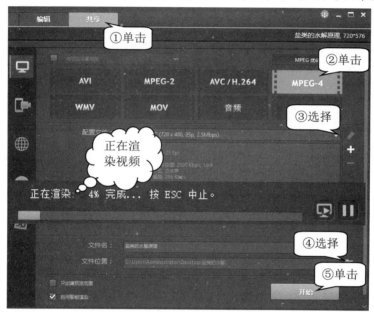

图8-58　渲染视频文件

2. 压缩微课视频

在制作微课时，有的文件会比较大，在传输或上传时不方便，此时可对微课视频进行"瘦身"处理，即将原先较大的文件进行压缩处理。

01 运行软件　单击"开始"按钮，选择"所有程序"→"狸窝"→"狸窝全能视频转换器"命令，运行"狸窝全能视频转换器"软件。

02 添加视频文件　单击"添加视频"按钮，将"盐类的水解原理.mp4"视频添加到"狸窝视频转换"软件中。

03 设置转换格式　按图 8-59 所示操作，根据需要设置转换后的视频格式，方便上传浏览。

04 转换视频　单击"转换"按钮，完成视频格式转换，并打开输出文件夹，浏览视频转换后的效果。

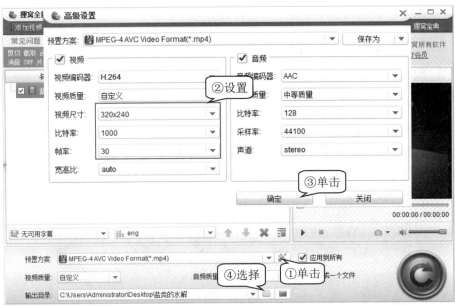

图8-59 设置转换格式